"

심판이 옳을 때는 아무도 기억해주지 않는다.
하지만 심판이 틀렸을 때는 아무도 잊지 않는다.
(미국 MLB 심판, 더그하비)

"

태권도 품새 심판론
품새 경기규칙 및 세부 채점 지침 해설

초판발행 | 2023년 1월 26일

지 은 이 | 이봉한, 임성빈
펴 낸 이 | 문상필
편집디자인 | 이태진, 권태궁

펴 낸 곳 | 상아기획
등록번호 | 제318-1997-000041호
주   소 | 서울시 영등포구 경인로 82길 3-4 (문래동 1가 센터플러스 715호)
대표전화 | 02-2164-2700
홈페이지 | www.tkdsanga.com
이 메 일 | 0221642700@daum.net

가격 22,000원

ISBN 979-11-86196-24-3   13690

ⓒ 저작권은 저자에게 있습니다. 저자와 합의해 인지는 생략합니다.
* 잘못 만들어진 책은 구입하신 서점에서 교환해 드립니다.
  Printed in KOREA

태권도 품새 심판론

품새 경기규칙 및 세부 채점 지침 해설

저자 이봉한·임성빈

서 문

태권도는 품새, 겨루기, 격파, 호신술, 시범 등으로 세분화되어 점차 활성화되고 있다. 그중에서 태권도의 가장 기본이 되는 품새는 경기화가 되면서 세계선수권대회, 아시안게임, 아시아대회, 하계유니버시아드 대회 정식종목으로 채택되어 경기가 치러지고 있고 2021, 2022년 연속으로 전국체전 시범종목으로 채택되는 등 국내·외에서 많은 품새 대회가 개최되고 있다.

품새 경기에서 가장 기본은 경기규칙이다. 많은 심판과 코치 감독들이 매년 품새경기규칙 강습회를 수강하지만, 세부적으로 자세히 알기에는 많은 시간과 경험이 필요하다. 경기규칙 책자에는 기준점, 표현력, 주요 감점 사항이 표기되어 있다. 그러나 어떤 동작에 표현력, 정확도가 적용되는지를 알기가 어렵다.

품새 대회의 삼각 축은 선수, 지도자, 심판이다. 선수, 지도자, 심판 모두 경기규칙을 잘 알고 숙지하여야 한다. 하지만 경기규칙을 제대로 알지 못하고 해석을 잘못하여 손해를 입는 일부 지도자와 선수들이 있다. 또한 경기규칙이 일부 심판, 지도자들만의 전유물이 아닌 수련생, 선수, 지도자, 대한태권도협회 상임심판, 각 연맹심판, 지역심판 모두 똑같은 경기규칙을 알고 똑같이 일관성 있게 적용해야 한다. 일관성 있는 경기규칙으로 모든 선수가 똑같은 출발선에서 함께 출발했으면 하는 바람으로 해설집을 펴게 되었다.

본 해설집은 태권도 품새 심판들에게 다양한 사례를 제공하여 책을 통해 생생하고 다양한 현장 상황을 파악할 수 있게 하여 어떠한 상황 속에서도 판정을 제대로 할 수 있게 하였고, 또한 표현력, 정확도를 명확하게 표시하여 태권도를 전공하는 학생, 품새선수, 품새 지도자, 품새심판 희망자들에게 품새 채점 실기의 참고서로 적용될 것이다.

 오랜 기간 심판, 심판 부위원장, 심판 위원장으로 활동한 저자들의 경험과 노하우(know how)를 바탕으로 태권도인 누구나 알기 쉽게 경기장에서 발생하는 사례를 중심으로 정확도 0.1/ 0.3점 감점 사항 및 표현력 채점사항으로 명확한 설명과 표기를 했다.

 책은 품새에 많이 사용되는 신체 부위, 기본동작부터 경기용 공인 품새(3장~한수)품새별 세부 채점 해설 및 사례로 구성되었으며 자유품새 채점 지침에 대해서도 상세하게 기술하였다.

 현 품새 경기규칙 및 채점 지침에 따라 일어나고 있는 다양한 사례를 중심으로 서술하였지만 새롭게 변했으면 하는 규칙 등 중간중간 지극히 개인적인 의견이 도출된 것도 있으니 이점 유의해서 살펴봐야 할 것이다.

 경기장의 꽃은 '선수'들이다. 태권도의 미래인 꿈나무 선수들이 경기규칙 안에서 제 기량을 펼칠 수 있게 해설집이 도움이 되고 대한민국 품새경기 발전에 작게나마 보탬이 되었으면 하는 마음이다.

2022.12 저자

추 천 서

품새 심판과 지도자들을 위한 『태권도 품새 심판론 - 품새 경기규칙 및 세부 지침 해설』을 출간하게 됨을 진심으로 축하합니다.

임성빈 품새 심판위원장과 이봉한 부위원장이 힘을 모아 그동안의 경험과 연구를 바탕으로 심판들과 지도자, 그리고 선수들이 경기규칙에 대한 정확한 이해를 돕기 위한 지침서를 편찬하였습니다. 두 저자의 노고를 치하 드리며 많은 사람이 이 책을 통하여 품새 심판 규칙과 특히 세부 채점 지침에 대한 이해를 정확하게 그리고 심도 있게 할 수 있는 지침서가 되기를 기대합니다.

품새 경기는 채점 경기 종목이므로 경기 규칙의 올바른 이해가 경기력 향상을 위한 지도와 훈련에 가장 중요한 기준이 되는 지식입니다. 또 다양한 수준의 품새 심판들에게도 정확한 채점 수행에 매우 유용한 자료가 될 것으로 믿습니다.

품새 경기규칙과 채점 지침은 부단히 변화하는 속성을 가지고 있습니다. 따라서 저자들은 항상 동료 심판들과 지도자들과 부단한 토론과 의견 수렴을 꾀하고 또 수시로 변화하는 규칙과 채점 지침을 반영하는 개정 작업을 때를 놓치지 않고 함으로써 본 해설서가 계속해서 살아있는 책이 되도록 노력해 줄 것을 당부드립니다.

품새 경기의 발전을 위하여 항상 노력하고 있는 심판들과 지도자 그리고 선수 여러분의 밝은 미래를 기원합니다.

대한태권도협회 회장 양 진 방

목 차

Ⅰ 심판이란? 13
1. 심판의 정의 15
2. 심판의 자질과 의무 18
2-1 심판 행동강령 20
3. 품새 심판의 조건 22
4. 심판의 윤리적 자세 27
5. 심판위원회 30
6. 품새 심판이 되는 길 31

Ⅱ 품새 33
1. 품새의 정의 35
2. 경기용 품새 35
3. 품새 수련 시 주의사항 36
4. 품새경기 연혁 39

Ⅲ 태권도 용어 및 사용부위 43
1. 태권도 용어 기본원칙 45
2. 인체 기준선, 동작의 시작 및 종료점 48
3. 태권도에서 주로 사용하는 부위 50

Ⅳ 2023 태권도 품새 경기규칙 해설 55
1. .2023 태권도 품새 경기규칙 해설 58

V 품새경기 세부 채점 기술 지침 ... 95
1. 공인품새 ... 97
2. 자유품새 ... 112
3. 기본동작 및 품새별 채점기술 지침 ... 126
4. 유급자 품새 채점기준 ... 140
5. 유단자 품새 채점기준 ... 151

VI 부록 ... 169
1. 심판위원회 규정 ... 171
2. 품새 상임심판 청렴 서약서 ... 179
3. 스포츠공정위원회 규정 ... 180

참고문헌 ... 197

| 태권도 품새 심판론 |

Ⅰ 심판이란

1. 심판의 정의

1) 정의 및 원론적 의미

▶사전적 의미: 심판(審判)의 사전적 의미는 사건을 심리하여 옳고 그름에 대한 판결을 내리는 행위 및 이를 담당하는 인적 구성원을 의미한다.
▶문제가 되는 안건을 심의하여 판결을 내리는 일과 이를 담당하고 있는 사람을 말한다.
▶스포츠 현장에서 경기의 일부로 여겨지며 경기에서 반칙 등을 판단하고 승패나 우열 따위를 가리는 사람으로 정의한다.

2) 심판이란

○스포츠 경기를 규칙에 의거하여 엄격하고 원활하게 진행, 성립시키는 역할을 하고 판정을 내리는 인물을 말한다.

○대회의 승패, 원활한 대회를 운영하는 중심인물이며, 스포츠 경기의 3대축(선수, 지도자, 심판)의 하나로 스포츠에 대한 국민들의 신뢰에 지대한 영향을 미치는 역할을 수행한다.

3) 심판의 의미에 대한 다양성

○영문표현으로 종목에 따라 편차가 있으나, 주로 레프리(referee)와 엄파이어(umpire), 저지(judge) 등의 용어가 혼용되어 쓰이고 있다.
-현재 축구에서는 심판을 레프리(referee)라고 쓰며 야구는 엄파이어(umpire)라고 한다.
-저지(judge)는 채점형 종목인 체조, 댄스스포츠, 빙상(피겨) 보디빌딩, 태권도 품새 종목 심판들을 말한다.

○ 레프리는 심판자의 의미보다는 조정자, 중재자로서의 의미가 강한 반면 엄파이어는 심판자로 정의됨.
- 어미 -ee는 refugee(망명자)처럼 주체로서 상황에 대해 수동적으로 행동하게 되는 상황을 의미하는데, 이는 경기규칙에 규정되어 있는 상황을 수동적으로 실현하는 객체로서의 심판의 역할을 시사하고 있다.
- 반면에 어미 -re, -er은 상황에 대해 능동적으로 행동하는 주체를 가리키는데, 예를 들면 teacher (교사), pitcher(투수), trainer(조련사) 등을 들 수 있다.

4) 심판의 역할 및 책무

○ 심판의 역할과 책무는 크게 경기의 운영자로서 해야 할 역할과 조언자 및 교육자로서 해야 할 역할로 구분 할 수 있다.

○ 운영자로의 역할은 상황의 판단자로서의 역할이며 조언자 및 교육자의 역할은 운영자로서의 역할을 매개로 하여 경기자에 대한 교육적 활동을 하는 것을 의미한다.

(1) 경기의 원활한 운영자로서의 역할

- 심판은 통상적으로 도착 순위의 판정, 던지기 경기에서 유효, 무효의 선언 등을 포함한 경기상의 행위에 관한 규칙위반에 대한 판정과 벌칙 적용 등을 주 임무로 하는 경기 임원을 의미한다.

- 경기가 제대로 운영되고 궁극적으로 성공한 대회가 되려 한다면 우수한 심판의 편성은 필수적인 요소인데, 우수한 심판은 공정한 경기 판정과 계획한 대로 원활한 운영을 할 수 있는 능력을 갖추고 있기 때문이다.
가. 심판으로서 갖추어야 할 품격 5요소
① 청렴 -성품과 행실이 맑고 깨끗하며 재물 따위를 탐하는 마음이 없음.

② 공정 -공평하고 올바름.
③ 전문 -한 분야에 대해 깊이 있는 지식과 경험을 가지고 있음.
④ 협동 -서로 마음과 힘을 합함.
⑤ 독립 -남이나 단체에 속박되지 않고 독자적 활동하는 것.

(2) 경기의 조언자 및 교육자로서의 역할

-스포츠 현장에서 경기의 수행을 위해 동원되는 인적 요인에서 선수, 지도자, 심판, 관중 등을 들 수 있는데 그중에서 심판은 참가자에게 심리적, 간접적으로 많은 영향을 미치는 중요한 요인이다.

-심판은 ① 해당 종목의 규칙 인식과 바른 이해 ② 종목의 발생 당시의 역사적 배경 ③ 종목의 발달 과정 이해 ④ 규칙, 경기관의 변화 인지 ⑤ 경기하는 사람들의 태도에 대한 이해 ⑥ 지속적인 자기 계발 등 풍부한 인간성을 기반으로 하여 바르게 생각해 주는 심판이 되어야 한다. (김하성, 2003)

-심판은 경기자를 위해서 존재하며 경기자가 없으면 심판은 있을 수 없다는 사실에 기반하여 자신의 역할을 담당해야 한다.

-경기 시에 목표나 심리를 충분히 이해하여 경기 시에 그들이 능력을 발휘할 수 있도록 도와주는 마음가짐을 갖고 있어야 한다.

-스포츠 정신과 더불어 경기자의 심정을 이해하며 책임을 지각하여 항상 좋은 컨디션으로 어떠한 심리적인 압박에 대해서도 굴하지 않을 정의감이 있어야 한다.

-심판은 경기자나 관중으로부터 항상 존경받고 신뢰받는 품위와 인격을 가진 사회인이어야 한다는 데 유의하여 노력해야 할 필요가 있다. (이상호, 2011)

2. 심판의 자질과 의무

1) 심판의 자질

품새심판은 품새에 대한 이론 및 경기규칙에 대한 정확한 지식에 기반하여 정확한 상황 판단력과 공정한 판정을 진행할 수 있는 능력이 필요하다.
 -기본자질로는 : 정직성, 신뢰감, 일관성, 판단력, 단호함, 안정성, 자신감, 흥미 및 동기유발이 있다.

▶일관성 : 심판 간의 판정은 비슷한 상황에서도 같게 나와야 하며, 경기규칙은 양측의 선수에게 동등하게 적용되어야 한다.

▶신뢰감 : 심판은 선수나 코치를 존경하고 예의를 갖추어 상호 신뢰 형성이 필요하다. 심판 임무를 수임하는 중에 친절하고 우호적으로 선수들 대해야 하고 선수나 코치와는 일정한 거리 유지를 해야 한다.

▶단호함 : 심판의 결정은 가능하면 행동을 본 즉시 이루어져야 한다(즉시 채점). 항상 주저함 없이 판정하는 것이 아니라 때에 따라서는 자신이 본 상황에 따라 판단할 수 있는 충분한 여유를 가져야 한다.

▶안정성 : 심판은 어떠한 상황에서도 침착하게 안정을 유지하여야 한다. 예)선수 간에 싸움, 부상 발생, 난폭한 관중 발생, 심판제대로 봐라, 폭언 등 심각한 상황에서도 스스로를 컨트롤 할 수 있도록 노력해야 한다.

▶정직성 : 심판은 어떠한 상황에서도 한쪽에 치우치지 않는 진실한 판정을 내려야 한다. 정직한 판정을 유지하기 위해 항상 '눈으로 본 그대로 판정'해야 한다.

▶자신감 : 훌륭한 심판은 자신의 능력에 자신감을 가진다.

▶흥미 및 동기유발 : 최고수준의 심판들은 심판을 본다는 자신의 일을 즐긴다. 긍정적 요소로 일하는데 활력소가 된다.

2) 심판의 의무

(1) 심판의 자긍심을 가지고 행동규범을 솔선수범하여야 한다.
(2) 경기규칙 및 그에 따른 심판지침을 숙지하여야 한다.
(3) 공평무사한 자세로 판정을 해야 한다.
(4) 심판은 경기에 임하기 전 규정된 복장을 착용하여야 한다. (품위유지)
(5) 경기 운영에 있어 불필요한 경기 지연사태가 발생하지 않도록 한다.

심판 행동 강령

1. 모든 경기를 양심과 경기규칙에 따라 공정하게 운영해야 한다.
2. 경기배정 등 직무 수행상 알게된 기밀을 누설해서는 안 된다.
3. 업무와 관련하여 어떠한 명목으로든 사례, 증여, 향응을 받거나 금전을 차용해서는 안된다.
4. 선수, 지도자 팀 관계자와 비공식 접촉을 해서는 안 된다.
5. 직무 중에는 항상 복장 및 용모를 단정하게 하고 어느 장소에서나 심판으로서 명예와 품위를 지키며 언행에 유의해야 한다.
6. 활동기간 중이나 퇴임 후에도 심판의 명예와 신용을 손상하거나 업무 수행 관련 자료 등을 외부에 일체 누설, 유출하는 일이 없도록 한다.
7. 선수, 지도자 팀 관계자와는 물리적 충돌을 피해야 한다. 공식적으로 규칙에 관하여 질문이 있을 경우 명확하게 답변해야 한다.
8. 클린 심판상을 항상 숙지해야 한다.
   ① 스포츠가 공공의 신뢰와 선망이 될 수 있는 환경을 조성하는 심판
   ② 공정한 스포츠 경기를 위해 페어플레이 정신을 바탕으로 판정하는 심판
   ③ 스포츠맨십과 스포츠 가치에 대한 이해를 실천하며 품격을 지키는 심판
   ④ 올바른 스포츠 문화 소양과 심판 정신으로 스포츠 발전에 참여하는 심판

출처 : 대한체육회 심판메뉴얼 2014. 09

3) 품새심판(채점형 경기의 특성과 심판의 역할)

(1) 채점형 경기 특성

-개인 또는 단체 경기로 진행되며 선수들이 경기 기량의 우월성을 심판들에게 보여주고 높은 점수를 취득하는 형태의 경기다.

-선수들은 움직임의 난이도에 따른 점수를 인식하며 연기하고 높은 점수를 취득하기 위해 자신이 할 수 있는 최고의 난이도에 도전한다.

-많은 관중의 함성과 관심이 가득 찬 경기장 환경에서 선수는 경기 중 자신의 기량을 실수 없이 보여주어야 하므로 높은 긴장감과 주의 집중을 요구하는 경우가 많다.

-심판이 부여한 점수에 의해 순위가 결정되기 때문에 더욱 멋진 연기를 펼치기 위해 노력한다.

(2) 품새심판

품새심판은 난이도에 따른 정확한 점수와 실수에 대한 감점을 명확히 인지하고 있는 상태에서 오랜 경험과 노하우를 바탕으로 정성적인 몸 움직임에 대한 객관적 점수를 부여할 수 있어야 한다.

3. 품새 심판의 조건

1) 품새 심판의 기본 조건

①완벽한 경기규칙 숙지
②경기규칙 적용능력
③체력-품새심판은 동적으로 움직이는 것이 아니라 정적으로 의자에 앉아서 장시간 심판 업무를 수행한다. 평소에 체력관리를 잘하여 오랜 시간 앉아있어도 심판보는 데 문제가 없게 체력관리를 잘해야 한다.
④완벽한 채점기계 사용·채점기계가 점차 수동식 버튼식에서 터치형으로 변경되어 가고 있고 회사마다 채점기의 특성이 다르기 때문에 심판은 완벽하게 채점기기 사용법을 숙지하고 있어야 한다.

2) 클린 심판

(1)페어플레이 정신에 입각한 3C 정신으로 최선을 다해 판정을 내리는 심판
(2)심판의 기본조건 : 깨끗한 사생활관리, 투철한 사명감, 인성(정직, 용서, 용기, 책임), 창의력
(3)3C 정신으로 최선을 다하여 판정을 내리는 심판
  ① CLAN 청렴
  ② CAEAR 명쾌
  ③ CORRECT 정확

3) 경기에 임하는 심판의 자세

▶최상의 신체적, 심리적 컨디션 유지 : 최상의 신체적 컨디션, 심리적 안정상태에서 심판의 업무를 수행할 수 있도록 노력할 것.

☞ 경기 전날 과도한 음주 금지 및 사생활 관리 철저로 경기 당일 경기 외 다

른 생각이 없어야 한다.

▶전문성 : 규칙, 규정 등 이론 완벽하게 숙지, 심판은 경기규칙을 완벽하게 숙지하고 적용해야 한다

☞ 품새 심판은 경기 규칙을 완벽하게 알고 있고 경기규칙 그대로 적용해야 한다.

▶판정기준의 통일화 : 단일화, 통일된 경기규칙으로 심판 간의 판정기준 통일.
▶많은 경험을 통한 노하우 습득 : 많은 대회 심판원 참가로 경험과 노하우를 축적.

☞ 많은 대회 참가로 인한 경험을 축적하여야 하는데 현재 상임심판원들은 대부분 일선 도장을 경영하고 관리하는 관계로 개인(도장) 사정으로 위촉 시 참여 못 하는 경우도 발생한다.

☞ 심판부에서는 고육지책으로 심판 위촉 시 참여 못(안)하는 경우가 많아 1년에 위촉 3번 이상 거부 시 차후년도 심판모집 공고문 모집요강 부문에 서류전형에서 서류를 제출할 수 없다고 명시하고 있다.

☞ 심판부 내부에서도 1년에 3회 이상 심판 참석이 안되는 경우 심판 연차를 승급하지 않고 있다.

▶조력자로서 해야 할 역할 : 심판이 주목받지 말고 선수가 부각 될 수 있게 조용한 조력자로서 역할 중요.
▶모든 행동의 모범자 (본보기) : 좋은 심판은 규칙 정신에 근거하여 행동에서도 모범이 될 것.
▶판단력 분별력 : 스트레스로 인한 감정표현과 의도적인 비스포츠맨적인 행위를 구분할 것.

4) 올바른 심판 판정

(1) 올바른 판정이란?

경기 규칙을 신속하고 일관성 있게 정확하게 적용하여 판단하는 것을 말한다.

(2) 판정 저해 요인

부정판정 의혹(유혹)	학연, 지연, 혈연 및 팀 관계자 유착
심판의 자질부족	가치관, 정의감, 정직함, 규칙 미숙지
편견 및 선입견	특정팀, 선수에 대한 편견 및 선입관
심판원의 이상심리	영웅심, 방종, 소심
외부영향력	눈치 보기
고의적 반칙	실력의 열세를 은폐할 목적의 고의적 반칙
관중의 과잉행동	관중의 지나친 응원, 비신사적인 행위, 위협
관중의 군중심리	무조건적 환호나 야유로 경기분위기 흔드는 경우

(3) 오심의 유형

잘못된 규칙의 적용	심판의 기본인 규칙적용 이해부족으로 판정내리는 심판
감정이 섞인 판정	감정을 추스르지 못하고 편파판정(득, 실)을 하는 심판 (특정 팀, 특정선수가 나오면 무조건 이기거나 지게 하는 경우)
심판 기량 미달 및 판정 미숙	편파판정은 아니나 유난히 오심이 속출하는 심판

(4) 심판이 지켜야 할 원칙

①심판은 경기장 배정 등 직무 수행상 알게 된 기밀 누설금지.
②심판은 동료 심판의 판정에 대해 일체의 비평금지.

☞ 경기 종료 후 청 선수의 흐름이 좋았다. 홍 선수의 표현력이 좋았다 등 판정에 대한 평가 절대 금지. 경기 결과가 1 : 4 가 나왔다 등 다른 심판 절대 비평(난)금지,

☞ 심판은 각자 독립된 재판부처럼 경기 판정권을 가지고 있다.

③ 심판은 팀 관계 임원 및 선수와 물리적 충돌을 피해야 한다.

☞ 심판원은 어떠한 경우에도 임원 및 선수와는 물리적 충돌(욕설, 멱살잡기, 폭행 등)을 피해야 한다.

④ 심판은 시즌, 비시즌을 막론하고 팀 관계자와 비공식적인 접촉금지

☞ 심판원은 어떠한 경우에도 품새 전문선수를 지도 또는 코칭 하면 안 된다.

⑤ 심판은 경기에 영향을 줄 수 있는 부탁, 압력을 받은 경우 즉시 심판위원장에게 보고해야 한다.

(5) 심판배정의 기준

심판의 능력과 경기의 난이도에 의한 배정, 동일팀 경기 연속배정 금지, 학연·지연 등 심판과 밀접한 팀 배정 금지, 심판에게 문제 제기한 팀에게는 재배정 금지

☞ 대한태권도협회 품새 심판부는 품새 심판위원회 규정에 따라 심판 위촉 관련은 심판위원장에 위임하고 있다. 따라서 심판원의 위촉과 배정은 심판위원장의 고유 업무이다.

(6) 심판으로 인해 유발되는 비리의 근절방안

- 징계강화, 심판처우개선, 스포츠 현장개선, 교육체계변화, 전임심판의 양성.

☞ 경기장에서 발생하는 심판판정에 대한 조치에 필요한 사항은 '상임심판 현

장 운영지침'에 따라 처리한다.

☞ 현재 대한태권도협회 품새 심판부는 공정한 판정을 위하여 자체적으로 상임심판 전원에게 품새심판 청렴 서약서를 받고 있다.(부록참고)

☞ 코로나19 방역으로 어려운 상황에서도 공정한 심판 판정을 위해 2020년부터 2022년까지 3년 연속 심판교육을 실시했다.

☞ 심판의 처우 개선 및 공정한 판정을 위하여 '전임심판' 제도 상설이 필요하다고 사료된다.

☞ 심판은 그 분야의 최고의 전문가이다. 최고의 전문가답게 적절한 보상이 필요하다.

4. 심판의 윤리적 자세

1) 공정성을 위한 정신적 자기관리

- 자신감: 자신감을 가진 심판은 특히 어려운 상황에서 자신을 컨트롤할 수 있다.
- 정의감: 경기자의 심정을 이해하고 책임을 지각하여 항상 좋은 컨디션으로 어떠한 심리적인 압박에 대해서도 굴하지 않을 정의감을 보유해야 한다.
- 안정감: 심판은 어떠한 상황에서도 침착하게 안정을 유지 하여야 한다.

☞ 몇 년 전 국가대표 선발전에서 선수가 판정에 불만을 품고 경기를 지연시키고, 소화기를 경기장 내에 분사시켰다. 이 사건으로 경기가 1~2시간 정도 중단되었다.

☞ 경기장 장내 정리가 종료된 후 경기가 다시 속개되었는데 심판들은 국가대표 선발전 이어서 최고의 베테랑 심판들이 심판을 보고 있어서 모두 침착하게 안정을 유지하면서 심판을 보았다.

☞ 판정에 불복 시는 소청 제도를 이용하여야 하는데 자기관리 및 절제가 안 된 지도자의 판정에 대한 항의로 전체 경기가 중단되어 심판이 아닌 선수들이 몇 시간 동안 기다려 심리적, 생리적으로 컨디션 조절 등에 상당한 어려움이 많아 선수들이 피해를 보았을 것이다.

2) 일관성을 위한 안정된 경기운영

- 일관성: 심판 간의 판정은 어떤 비슷한 상황에서도 같게 나와야 하며 양측의 선수에게 동등한 규칙을 적용해야 한다.

☞ 여타 경기도 중요하지만, 컷오프 경기에는 상당히 중요한 변수이다. 일관

성 있게 판정을 해야지만 컷오프 10~11명의 선수들의 순위를 가릴 수 있다.
- 즉시성 : 심판의 결정은 가능하면 즉시 채점 이루어져야 한다.

☞ 현재 공인품새는 즉시 채점으로 이루어지고 있으나 자유품새는 시스템상 즉시 채점이 아니다.

-정직성: 판정의 정직을 유지하기 위한 가장 좋은 방법으로 '눈으로 본 것' 그대로 판정해야 한다.

☞ 전국 고등부 대회 8강전은 메달권에 진입하느냐 못하느냐 중요한 갈림길이다. 평원 품새 "바로"에서 박스(종료점) 아웃이 되는 경우가 있는데 코치석인 선수들 뒤쪽에서 보면 명확하게 박스 아웃을 확인할 수 있는데 정면에서 보면 선수가 앞으로 서 있으니 선수의 발이 선에 걸쳐 있는지 나갔는지를 확인할 수가 없다.
심판들은 각자 눈에 보이는 데로 판정한 결과 아웃이 아닌 걸로 판정 났다.

☞ 이 사건을 계기로 종료점에 발이 걸쳐있는지 떨어졌는지 심판이 직접 가서 확인하는 것으로 심판 내부 지침이 변경되었다.

☞ 심판이 직접 가서 보았을 때 종료점(박스) 인(IN), 아웃(OUT)을 표출할 심판의 수신호도 생겨났다.

3) 신뢰성을 위한 상호존중의 관계

-전문성: 심판은 경기자나 관중으로부터 항상 존경받고 신뢰받는 품위와 인격을 가진 사회인으로 훌륭한 판정을 하기 위해서는 많은 노력과 헌신 그리고 연습이 필요하다.
-상호 간의 예의: 심판들은 코치나 선수들과 신뢰감을 형성하도록 노력

해야 한다.

☞ 태권도는 '예'로 시작해서 '예'로 끝난다. 심판들은 선수들이 "차렷" "경례"할 때 목례로 예를 갖추고 있다.

-심판들은 선수나 지도자를 존중하고 예의를 갖추어 대함으로써 신뢰감을 증진 시킨다.

☞ 어떤 지도자는 1 품새가 종료되어 판정에 지고 나면 팔짱을 끼고 앉아있고, 2품새가 종료되어 심판들이 채점할 때 양손을 허리에 놓고 전광판을 지켜보는 지도자들도 있다. 이러한 것은 태권도의 가장 기본인 "예"에서 어긋나는 행동들이다. 지도자는 심판의 판정을 "예"를 지켜서 존중하여야 한다.

5. 심판위원회

1) 목 적 : 심판이 스포츠의 기본 정신과 책임감을 갖고 경기규칙에 따라 공정하게 직무를 수행할 수 있도록 심판의 독립성 및 자율성, 심판으로서의 역할, 임무, 의무 등에 관한 사항을 정하여 경기진행의 공정성을 높이는 데 그 목적을 둔다.

2) 심판위원회 심의 사항

가. 심판이 경기 규칙에 따라 공정하게 직무를 수행할 수 있도록 심판의 독립성 및 자율성 보장 방법 및 기준에 관한 사항.
나. 심판의 권익 보호. 증진에 관한 사항.
다. 심판양성 교육(심판 아카데미)에 관한 사항.
라. 심판 등록 및 관리에 관한 사항.
마. 심판 평가에 관한 사항.
바. 상임심판 지원 사업 및 운영에 관한 사항.
사. 기타 위원회 목적과 관련된 사항 등.

3) 부록 1 심판위원회 규정 참고

6. 품새 심판이 되는 길

1) 응시자격(2022년 모집요강 발췌)

※국기원에서 발행한 단증 및 사범자격증만 인정.
※한국직업능력연구원에 공식 등록된 민간자격에 규정한 바에 따라 본 회에서 인정하는 대회는 본 회 주최, 주관, 승인대회이며 시도협회에서 주최, 주관하는 대회는 해당 사항 없음.

구분		응 시 자 격
1급	일반	태권도 8단 이상 1급 사범 자격증 소지자로 2급 품새심판 자격증 소지자로 2급 품새심판 자격증 취득 후 5년 이상 지난 자
	승급	태권도 8단 이상 1급 사범자격증 소지자로서 2급 품새심판 자격증 취득 후 5년 이상 지난 자로 대한태권도협회에서 인정하는 대회의 2급 품새심판으로 활동경력이 20회 이상인 자
2급	일반	태권도 7단 이상 2급 사범 자격증 소지자로 3급 품새심판 자격증 소지자로 3급 품새심판 자격증 취득 후 3년 이상 지난 자
	승급	태권도 7단 이상 2급 사범자격증 소지자로서 3급 품새심판 자격증 취득 후 3년 이상 지난 자로 대한태권도협회에서 인정하는 대회의 3급 품새심판으로 활동경력이 15회 이상인 자
3급	일반	국기원에서 발행한 태권도 6단 이상 3급 사범 자격을 취득한 사람
	승급	태권도 품새심판 자격 교육과정 수료 후 자격시험 과락자

□ 교과목 및 시수편성 (1~3급 동일)

구분	교과목	시수
이 론	태권도사	2
	태권도 품새 심판론(심판의 자질 및 인성)	2
	태권도 품새 경기규칙	2
	태권도 품새 경기 채점방법(채점 기술 지침)	5
실 기	태권도 품새 (유급자 품새, 유단자 품새)	5
	태권도 품새 경기 채점방법(공인품새 컷오프, 토너먼트, 자유품새)	8
합 계		24

☞ 심판교육에 임하는 사범들에게 태권도 역사보다는 품새론과 품새경기 연혁 및 경기 규칙 변천사 등 품새에 관련된 역사 수업이 필요하다.

☞ 이론 수업보다는 채점기술 지침 및 채점방법 실기 시간을 더 늘려야 한다. 이론은 보고 읽고 암기하면 되지만 채점방법과 '즉시 채점'은 금방 터득하기는 어렵다.

□ 검정과목

구 분	교 과 목
필기시험	태권도사
	태권도 품새 심판론(심판의 자질 및 인성)
	태권도 품새 경기규칙
	태권도 품새 경기 채점방법(품새 채점 기술 지침)
실기 및 구술	태권도 품새 (유급자 품새, 유단자 품새)
	태권도 품새 경기 채점방법 (공인품새 컷오프, 토너먼트, 자유품새)
	구술

□ 합격 기준
- 절대평가를 원칙으로 하며 필기, 실기 각 60점 이상은 합격, 60점 미만은 불합격.

| 태권도 품새 심판론 |

II 품 새

1. 품새의 정의

품새는 다양한 태권도 기술을 바탕으로 몸을 움직이고 힘을 운용하는 방법을 터득하여 공격과 방어에 적용하고 활용하는 수련법이다.

2. 경기용 품새

국기원, 세계태권도연맹(WT), 5개 대륙연맹 및 대한태권도협회(KTA)의 공식적인 경기에 사용하는 품새이다.
① 공인 품새
② 자유 품새
③ 경기용 새품새 (힘차리, 새별, 비각, 나르샤 등)

1) 품새 경기에서 공인품새는 태극3장부터 한수까지를 주로 사용한다.

2) 자유품새는 각종 국내 및 국제대회에서 사용되고 있으며 태권도의 고난도 차기, 새로운 공격·방어 동작, 아크로바틱 기술과 함께 음악과 안무를 더해 타 무술의 형(품새)과 다른 차별성을 보이는 새로운 품새이다.

3) 경기용 새품새는 2018년 자카르타 팔렘방 아시안게임에 정식종목으로 채택됨에 따라 국기원, 세계태권도연맹, 아시아 태권도연맹, 대한태권도협회의 품새 개발 위원들이 2016~2017년에 제작한 4개의 새 품새(힘차리, 새별, 비각, 나르샤)로 아시안게임에 한하여 경기용 품새로 채택되어 사용되었다.

☞ 2023 항저우 아시안 게임에는 공인품새(50%) + 자유품새(50%)로 경기가 진행된다.

3. 품새수련 시 주의사항

1) 시선

수련 시 중요한 것은 시선이며 자신과 동일한 신체조건의 상대를 가상으로 한 눈높이로 전면을 보고 시야각을 크게 한다.

2) 중심이동

중심이 안정된 상태는 두 다리에 균등하게 균형을 유지하고 있는 것이며 위치를 옮기기 위해서는 어느 한쪽으로 중심이 옮겨져야 한다. 즉, 중심이 한쪽으로 옮겨지는 것을 중심 이동이라고 한다.

3) 속도의 완급

몸이 이완되어 있지 않으면 수축할 수 없기에 수축 후 빠른 이완 상태로 전환하는 것이 동작 연결에 있어서 매우 중요하다. 근육의 이완과 수축 작용으로 완급을 조절해야 한다. 완급(緩急)은 빠르고 느림을 말하지만, 단순히 동작의 느림과 빠름이 아니라 동작의 시작에서 마무리까지 움직임에 따른 전체 속도의 변화를 의미한다.

4) 강유

강유(剛柔)는 동작의 모든 과정에서 몸이 유기적으로 작용하며 동작의 강함과 부드러움 이 조화를 이루는 것이다. 신체가 조화롭고 유기적으로 움직여, 몸이 경직되지 않고 불필요한 힘을 뺀 상태의 모습을 유(柔)라 하고, 강(剛)은 호흡과 모든 동작이 일치하여 완성되는 것이다.

5) 호흡에 의한 이완과 수축

호흡은 생명을 유지하고 근육의 수축, 이완으로 몸을 움직이거나 힘을 생성하는데 꼭 필요한 요건이다. 이완된 상태로 주요 관절 부위의 불필요한 힘을 뺌으로써 전신의 근육과 관절을 부드럽게 움직일 수 있다.

6) 지면의 힘에 의한 연쇄적인 힘의 전달

코로 숨을 들이마시고 아랫배(단전)에 힘을 주어 하체로 힘을 전달하며 지면의 힘을 얻어 이를 연쇄적으로 상체에 전달하게 된다.

가. 호흡을 통해 땅을 발로 강하게 밀면 지면의 반발력이 다리를 타고 허리로 전달된다.
나. 전달된 힘이 골반과 허리의 회전을 통해 증폭된다.
다. 증폭된 힘으로 몸통이 회전한다.
라. 몸통에 붙어 있는 팔은 그 회전력에 의하여 빠르게 움직이는데, 팔과 등에 붙어있는 근육의 힘이 더해져 더욱 강한 힘을 낼 수 있다. (이때 팔꿈치와 손목 부위의 사용에 따라 허리의 회전이 직선운동으로 변할 수도 있고 곡선으로 변할 수도 있다)
마. 앞의 과정을 거쳐 팔에 전달된 힘은 팔꿈치를 지나 사용 부위로 전달된다.
바. 사용 부위와 상황에 따라 다양하게 방어와 공격에 적용한다.
사. 마지막 가격의 순간에 호흡과 손, 발의 일치에서 오는 체중의 전달과 손목의 스냅에 의한 순간 가속이 힘의 강도를 증가시켜준다.

7) 균형

균형은 몸의 평형을 이룬 상태로 몸을 바르게 정렬하여 발바닥 전체에 균등하게 체중이 실려 중심이 안정된 상태를 말한다. 신체 중심의 균형, 기술을 발휘할 때 좌우·상하 근육의 긴장도 및 힘과 속도의 균형, 중심 이동 간 흔들리지 않는 안정성의 균형이 있다.

8) 동작의 수행방법

가. 자세를 반듯하게
나. 기초 단계에서 품새 동작을 익힐 때 회전 가동범위를 가능한 크게 연습 하고 이후 동작을 점점 작게 한다.
다. 동작은 간결하면서도 자연스럽게 한다.
라. 몸통과 손발 동작의 조화
　예)같은 쪽 손으로 지르고 발을 내디딜 경우, 발을 지면에 완전하게 딛고 지르는 것보다 발이 지면에 닿는 순간 몸동작과 손동작이 동시에 완성되도록 한다.

4. 품새 경기 연혁

1) 품새경기 연혁

- 품새경기의 최초 시작은 1992년 대한태권도협회가 주최한 '태권도 한마당'이다.
- 제1회 태권도 한마당은 겨루기를 제외한 공인품새, 창작품새, 태권체조, 격파등 태권도의 다양한 기술체계를 구분하여 시도하였다.
- 1998년 용인대총장기 대회에서 최초로 고등부 품새 경기를 시작으로 2000년 경희대 총장기, 2002년 경주 제1회 코리아 국제여자 태권도대회, 2003년 여성연맹회장배, 2004년 제1회 대한태권도협회장기 대회가 개최되었다.
- 2004년에 성남에서 개최된 제16회 아시아 태권도대회에서 품새가 첫 시범종목으로 채택되었고, 2006년 제1회 세계품새선수권대회가 서울에서 최초로 개최되었다.

- 자유품새는 국제대회에서부터 역으로 추진되었다. 2011년 러시아 블라디 보스토크에서 열린 제6회 세계품새선수권대회에서 시범종목, 2012년 콜롬비아 툰하에서 열린 제7회 세계품새 선수권대회부터 정식종목으로 채택되었다. 국내는 2015년 태권도 진흥재단이 주최한 태권도원배 대회에서 자유품새 종목을 처음으로 신설하였고, 2017년 대학 개인선수권 대회, 한국체육대학교 총장기, 대통령기대회 및 대한태권도 협회장기 대회에서 자유품새 종목이 도입되었다.

- 이후 세계품새 선수권대회는 공인품새, 자유품새 종목으로 개최되었고 유래가 없었던 코로나 19로 어려운 상황 속에서 2022년 고양 세계 품새선수권대회가 성황리에 종료되었다.
- 세계선수권대회를 기점으로 2009년 제25회 하계유니버시아드 대회, 2010년 제19회 아시아태권도 선수권대회, 제11회 세계대학 선수권대회에서 정식종목으로 개최되었다.

- 특히, 2018년 자카르타 팔렘방 아시안게임에 정식종목으로 경기가 개최되었고, 2019 리마 팬암 게임에도 정식종목으로 개최되면서 국제적인 스포츠로 자리매김하고 있다.

2) 경기규칙의 제정 및 변천사

- 국내는 대한태권도협회(2005) 자료에 따르면 2005년도 품새 상임심판을 첫 선발하고 2006년 1월 10일 공식적인 태권도 품새 경기규칙을 제정하였다.

- 세계태권도 연맹이 제1회 세계품새선수권대회에 적용할 품새경기 규칙 개정안을 마련 했고 주요 내용으로는
① 경기장 규격 14m×14m을 12m×12m로 수정
② 경기 시간 1분 이상 2분 이내를 1분 30초 이내로 수정
③ 앞쪽에 7명의 심판원 배치를 앞쪽 4명, 뒤쪽 3명으로 변경하였다.
④ 창작품새, 태권체조, 혼성 등 3개 부문 폐지, 페어(pair) 부문 신설
⑤ 선수구성 부분에서 성인층 참여를 많이 유도하기 위해 장년부를 2개로 나누어 5개 부로 하였다.
⑥ 경기방식 토너먼트, 라운드로빈 방식에서 추가로 컷오프 방식을 추가하였다.

이러한 품새 경기규칙은 치열한 토론과 개정 과정을 거쳐
제정 2005. 01. 10
개정 2009. 01. 14
개정 2010. 01. 19
개정 2011. 01. 13
개정 2012. 01. 30
개정 2013. 01. 11
개정 2014. 01. 28
개정 2015. 01. 16
개정 2016. 01. 18

개정 2017. 01. 09
개정 2017. 12. 14
개정 2018. 12. 14
개정 2019. 01. 18
개정 2020. 01. 24
개정 2021. 02. 25
개정 2022. 01. 24
개정 2022. 04. 15
개정 2022. 12. 02
현재의 경기규칙으로 다시 태어났다.

| 태권도 품새 심판론 |

III 태권도 용어 및 사용부위

1. 태권도 용어 기본원칙

태권도 용어는 '목표+사용부위+방법+기술'의 조합을 원칙으로 한다

☞ 태권도 관련 선수, 지도자, 심판은 용어에 대하여 명확하게 알고 있어야 하고 사용부위도 정확하게 사용하여야 한다.

1) 태권도 용어 기준 및 태권도 기술 체계

· 기본 원칙 : 목표 + 사용부위 + 방법 + 기술(표제어)

목표	공격 및 방어 목표 : 얼굴, 몸통, 아래	
	얼굴	인중, 눈, 턱, 목, 관자놀이
	몸통	명치, 어깨, 옆구리, 등, 팔꿈치, 팔목, 손목
	아래	단전, 샅, 무릎, 발등, 발목
사용 부위	막기	등팔목, 바깥팔목, 안팔목, 발날, 발날등, 발등, 발바닥, 앞축, 정강이
	지르기	밤주먹, 주먹, 편주먹
	치기	등주먹, 무릎, 메주먹, 바탕손, 손날, 손날등, 손등, 아금손, 팔꿈치
	차기	뒤축, 발끝, 발날, 발날등, 발등, 발바닥, 앞축
	찌르기	편손끝
	빼기	팔목이나 잡힌 신체 부위
방법	모양	팔 : 가위, 금강, 날개, 돌쩌귀, 멍에, 태산, 외산, 제비품, 쳇다리, 표적, 황소 다리 : 가위, 곁다리, 나란히, 나래, 범, 학다리 몸 : 돌개
	동작	팔 : 거들어, 걷어, 걸어, 내려, 눌러, 당겨, 돌려, 밀어, 받아, 세워, 엇걸어, 엎어, 올려, 젖혀, 펴, 쳐, 헤쳐 다리 : 걸어, 굴러, 굽혀, 꼬아, 끌어, 낚아, 내려, 돌려, 디뎌, 모아, 물러, 밀어, 받아, 밟아, 발붙혀, 비틀어, 주춤, 제자리, 짓찧어, 후려 몸 : 넘어, 돌아, 뛰어, 비틀어, 숙여, 젖혀, 틀어
	방향	앞, 뒤, 바깥, 안, 옆(오른·왼), 모(오른앞·오른뒤·왼앞·왼뒤), 위, 아래

기술	자세	준비자세, 제자리 서기, 특수한 보조자세
	이동기술	서기, 딛기, 뛰기
	방어기술	막기, 피하기, 빼기, 낙법
	공격기술	지르기, 치기, 차기, 찌르기, 밀기, 잡기, 꺾기, 넘기기

2) 서기동작

'서기'는 다음의 기준을 따르며, 나머지 기술은 동작하는 팔 또는 다리 쪽을 기준으로 표현한다.

▶한 발로 설 때는 지지발을 기준으로 '왼·오른'을 표현한다.
  -곁다리서기, 학다리서기, 오금서기 등에 적용한다. (예: 왼 학다리서기-왼발로 지지하고 섬, 오른 오금서기-오른발로 지지하고 섬)
▶꼬아서기를 할 때는 이동하는 발을 기준으로 '앞·뒤'와 '왼·오른'을 표현한다. (예: 왼 앞꼬아서기-왼발을 지지발 앞으로 꼬아섬, 오른 뒤꼬아서기-오른발을 지지발 뒤로 꼬아섬)
▶한쪽을 더 굽힐 때는 많이 굽히는 발(체중이 실린 지지발)을 기준으로 '왼·오른'을 표현한다. 앞굽이, 뒷굽이에 적용 (예: 왼 앞굽이-앞굽이 자세에서 왼발이 앞에 있음, 오른 뒷굽이-뒷굽이 자세에서 오른발이 뒤에 있음)
▶두 다리가 같은 모양일 때는 앞서는 발 기준으로 '왼·오른'을 표현한다. 모 나란히서기, 모 주춤서기, 앞서기 등에 적용한다.(예:왼 모 주춤서기-모 주춤서기 자세에서 왼발이 앞에 있음)

☞ 서기의 단위는 본인 신체에 맞게 크게는 '걸음', 작게는 '발바닥 길이'로 한다.
-앞으로 내딛어 설 때는 '한 걸음' 또는 '한 걸음 반'으로 하고
-옆으로 벌려 설 때는 '한 발', '한 발 반', '두 발'식으로 표현한다.
-'한걸음'은 세 발이다. 세 발 = 한발바닥 + 한발바닥 + 한발바닥
-앞굽이는 네 발 반이다. 네 발 반 = 네 발바닥(한발바닥 + 한발바닥 + 한발바닥+한발바닥) + 반발바닥
-뒷굽이는 세 발이다. 세 발 = 한발바닥 + 한발바닥 + 한발바닥
-앞서기는 한걸음이다. '한걸음'은 세발이다.

-주춤서기는 '두 발' 바닥의 간격이다.
-범서기는 '한 발' 바닥의 간격이다.

2. 인체 기준선, 동작의 시작 및 종료점

인체기준선명칭

- 얼굴끝선
- 중심선
- 인중선
- 어깨선
- 가슴선
- 명치선
- 허리선
- 무릎선
- 몸바깥선 (오른)
- 몸바깥선 (왼)

※막기의 끝나는 지점을 다음과 같이 정한다.
- 아래막기(팔목 사용, 손날 사용)는 하단전 앞을 지나 허벅다리 중앙 안쪽에서 멈춘다.
  - 높이는 세운주먹 두 개, 또는 한뼘의 길이다.
- 바깥에서 안으로 막는 안막기는 인체 중심선 앞에서 끊어 막는다. (팔목이 중심선으로 들어와야 한다.)
- 안에서 바깥으로 막는 바깥막기는 몸 바깥선을 끝나는 지점으로 하여 막는다.

※막기의 위치와 높이는 다음과 같이 정한다.
- 주먹을 쥐고 몸통을 막는 경우는 팔목을 명치 높이로 막는다. (주먹의 최대 허용 높이는 어깨선이다.)
- 손날로 몸통을 막는 경우는 손날을 명치 높이로 막는다. (손끝의 최대 허용 높이는 어깨선이다.)
- 팔목이나 손날로 얼굴을 올려 막는 경우는 인중을 막는 것이다. (팔목과 손날의 최대 허용 높이는 얼굴 끝선이다.)

※막기의 시작점을 다음과 같이 정하며 가동범위를 크게 하여 막아야 한다.
- 아래 부위를 막을 때는 메주먹이나 손날이 어깨선 앞에서 내려오기 시작한다.
- 몸통 부위를 막을 때는 막기에 사용되는 부위가 허리선과 어깨선 내에서 동작을 크게 하여 막는다.
- 얼굴 부위를 막을 때는 막기에 사용되는 부위가 허리선에서 올라가기 시작한다.

3. 태권도에서 주로 사용하는 사용부위

태권도 기술로 목표를 공격하거나 방어하고자 할 때 사용하는 신체 사용부위는 다양하다. 효율적인 공격과 방어를 위해 적합한 사용부위를 사용해야 한다.

☞ 품새경기는 신체의 정확한 부위를 사용해야 한다.

1) 주먹

사용부위	사 진	설 명
주 먹		손가락을 모두 오므려 쥐었을 때 집게손가락과 가운뎃손가락의 첫 마디앞부분
메주먹		주먹을 질렀을 때 바깥쪽을 향하는 부분. 말아 쥔 새끼손가락의 첫 마디와 손목 사이의 부분
등주먹		주먹을 쥐었을 때 말아쥔 손가락의 반대쪽 주먹등에 있는 평평한 부분 이중 집게손가락과 가운뎃손가락의 첫 마디 부분
밤주먹		주먹을 쥔 상태에서 가운뎃손가락의 관절 부분을 밀어 올려 돌출되도록 하였을 때, 가운뎃손가락의 둘째 마디 부분

2) 손

사용부위	사 진	설 명
손 날		손을 편 상태에서 손가락을 모두 붙이고 끝 마디를 안으로 약간 구부렸을 때, 새끼손가락에서 손목까지의 부분
바탕손		다섯 손가락을 모두 붙이고 손을 뒤로 젖힌 상태에서의 손바닥 아랫부분
아금손		손을 곧게 편 상태에서 엄지손가락과 집게손가락 사이를 벌렸을 때, 엄지손가락과 집게손가락 사이의 첫 마디 오목한 부분
손 등		팔을 내렸을 때 손목의 아랫부분에 해당하며 손바닥의 반대편 부분. 엄지손가락을 제외한 네 손가락의 첫 마디와 손목 사이의 평평한 부분
손날등		엄지손가락 첫 마디 시작 부분부터 집게손가락 첫 마디 시작 부분까지의 옆 부분. 엄지손가락은 손바닥 쪽으로 완전히 접고 나머지 손가락은 곧게 폈을 때 손날의 반대편 부분
편손끝		손을 편 다음, 다섯 손가락을 모두 붙인 상태에서 가운데 손가락을 집게손가락과 약손가락이 끝나는 선에 오도록 약간 굽힌 상태의 손끝 부분.

3) 팔

사용부위	사 진	설 명
팔목		손목 관절부터 팔꿈치 쪽으로 네 손가락을 붙여 놓은 만큼의 면적 부분.
바깥팔목		주먹을 질렀을 때 몸의 바깥쪽을 향하는 팔목 부분
안팔목		주먹을 질렀을 때 몸의 안쪽을 향하는 팔목 부분. 손목에서 팔꿈치 쪽으로 네 손가락을 붙여 놓은 정도의 면적
팔꿈치		위팔과 아래팔이 구분되는 관절 부위. 팔을 접었을 때 단단하게 돌출되는 바깥 부분

4) 발

사용부위	사 진	설 명
발날		발바닥과 발등 사이의 바깥쪽에 위치한 모서리 부분. 발의 바깥쪽 뒤꿈치부터 새끼발가락 전까지의 옆부분
발날등		발바닥과 발등 사이의 안쪽에 위치한 움푹 들어간 부분. 발의 앞축과 뒤축사이에 있는 발의 옆부분
발등		발을 땅에 딛고 서 있을 때 지면에 닿지 않는 발의 위쪽 부분이다. 발가락밑부터 발목까지의 윗부분

사용부위	사 진	설 명
발바닥		발을 땅에 딛고 서 있을 때 지면에 닿는 밑바닥 부분 중 발가락을 제외한모든 부분
앞축		발가락을 젖혀 올렸을 때 발바닥의 가장 앞쪽 부분으로 발가락과 바로 맞닿아있는 발바닥 앞쪽의 평평한 부분
뒤꿈치		발의 뒤쪽 모서리 부분
뒤축		발을 땅에 딛고 서 있을 때 지면에 닿는 발가락과 앞꿈치 부분 등을 제외한발바닥의 가장 아래쪽 부분.
발끝		발을 땅에 딛고 서 있을 때 앞쪽을 향하는 발가락의 끝부분

5) 다리

기술	사용부위	사 진	설 명
막기	정강이		위치 : 무릎과 발목 사이의 뼈가 있는 앞부분. 몸의 앞쪽을 향하는 아랫다리의 정강뼈 부분
치기	무릎		위치 : 윗다리와 아랫다리의 사이에 있는 슬개골 위 대퇴골두 부분. 다리를 접었을때 단단하게 돌출되는 바깥 부분

| 태권도 품새 심판론 |

IV. 2023 태권도 품새 경기규칙 해설

2023년 개정된 경기규칙 주요 내용

1. **선수의 자격** : 고등부 이하 선수의 자격요건을 명확하게 명시

2. **선수의 복장** : 여성선수의 경우 도복 상의 안에 흰색 셔츠만 착용

3. **선수의 의무** : 선수보호 차원에서 부상을 입은 상태는 경기출전 불가 규정 신설

4. **지도자의 의무** : 경기 중 과도한 몸짓이나 언어 사용 불가

5. **자유품새 경기** : 중등부 1, 2학년부, 3학년부로 분리할 수 있다.
   고등부 1, 2학년부, 3학년부로 분리할 수 있다.

6. 대학부 개인전 경기를 1, 2, 3, 4학년 부로 구분하여 실시할 수 있다. 복식, 단체전은 1, 2학년을 대학 1부, 3, 4학년을 대학 2부로 한다.

7. 미성립되는 부는 통합하여 실시할 수 있다. 경기당일 미성립 시 시연은 가능하며 시연 시는 시상식 미실시, 상장 미지급, 메달만 지급한다.

8. **공인 품새의 지정 방식** : 지정품새가 홀수인 경우 앞쪽 4개, 뒤쪽 3개 중 추첨한다.

9. 경기 진행방식에 "음향기기 음"을 추가

10. 경기 중 경계선을 두 발이 넘을 경우 : 자유품새 경기 중으로 수정

11, **실격사항** : 휴학한 대학생의 경우 대회 출전 불가
    단체전의 경우 단체구성이 미달할 때는 실격으로 수정

12. **동점의 처리** : 재경기 시 지정품새 뒤쪽 중 1개 품새 시연

13. **경기 결과의 판정** : 소수점 3자리까지만 반영한다.

14. **소청** : 소청시간을 소청 의사를 표하고 소청서 발부 후 10분 이내로 명확하게 함

15. **정확도 0.3 감점(큰 실수)** : 두 발 모두 옮겨 딛는 경우 추가

16. **자유품새 경기 중 벌점사항**
    - 경기 시간 미달 또는 초과 시 최종점수에서 기록원은 0.3점 감점한다.
    - 경기지역 경계선을 두 발이 넘을 경우 최종점수에서 기록원은 0.3점 감점한다. (경기지역 경계선에 한 발이 나가 있고 한 발(안에 있는)이 들릴 경우도 포함)
    - 필수서기 동작을 안했을 경우 심판 개인 총점에서 0.3점 감점한다. (복식, 단체전은 한 명의 선수가 시연하면 됨)
    - 경기 중 발바닥 이외의 신체가 바닥에 닿은 경우 심판 개인 총점에서 0.3점 감점한다.

17. **태극 8장** : 두발당성앞차기 첫 번째 발을 무릎에서 몸통 높이 이상으로 개정

18. **십진 – 바위밀기** : 끝점을 몸을 허리를 틀며 두 손을 대각선 방향으로 두 손목을 눈높이까지 밀어 올린다.

19. **지태 – 옆내려막기** : 왼발로 구르면서 오른발로 짓찧기 하지 않는 경우감점

20. **천권 – 태산밀기** : 손의 위치가 바뀌어 행할 경우 0.3점 감점

1.2023 태권도 품새 경기규칙 해설

제1조 (목적)

 이 규칙은 대한민국태권도협회(이하 '본 회'라 함)와 산하 지부 및 연맹이 주최·주관하는 모든 대회(본 회 승인대회 포함)의 경기를 통일된 규칙에 따라 운영하는 데 그 목적이 있다.

 (해설)태권도 품새 경기를 공정하고 통일성 있게 운영하기 위하여 경기 운영의 모든 사항이 본 규칙에 따라 결정, 진행된다는 뜻이다. 규칙에 어긋나는 방식과 채점으로 진행되는 품새 경기는 대한민국태권도협회의 승인된 태권도 경기로 인정될 수 없다.

제2조 (적용 범위)

 이 규칙은 본 회와 각급 산하 지부와 연맹이 주최하거나 주관하는 모든 대회(본 회 승인대회 포함)에 적용된다. 단) 별도 목적에 따라 본회의 승인을 받아 일부 변경하여 시행할 수 있다.

- ☞ 대한민국 태권도협회, 연맹, 각 시·도협회 및 시·군 지부에서 주최·주관하는 모든대회

- ☞ 모든 경기는 통일된 경기규칙에 따라 채점이 이루어져야 한다. 일부 예산을 이유로 5심제, 7심제가 아닌 3심제로 채점하는 경기가 이루어지고 있는 경우도 있다. 3심제는 3명의 심판 총점으로 승,패를 결정하는 것으로 2:1에서 1이 이기는 경우도 발생하고 동점도 많이 발생한다. 선수들 보호 차원에서 규칙에 따라 채점은 5심제 혹은 7심제로 이루어져야 한다.

- ☞ 일부 대회에서는 품새 하나를 시연하고 평가를 하는데 선수들의 기량 향상과 1품새에서는 지고 있다가 2품새에서 역전시키는 경기를 통해 관중들의

흥미를 유발하기 위해서는 경기규칙에 따라 2개의 품새를 시연하는 것이 좋다.

2018~2023년 현재 대한민국 태권도 협회 승인대회 현황

연번	대 회 명	주 최
1	세계태권도 품새 선수권대회 파견 국가대표선발전	대한태권도협회
2	아시안게임 파견 품새 국가대표 선발전	대한태권도협회
3	아시아 태권도 품새 선수권대회 국가대표선발전	대한태권도협회
4	전국체전	대한태권도협회
5	대한태권도 협회장배 전국 태권도 품새대회	대한태권도협회
6	대통령기 전국 단체대항 태권도 대회	대한태권도협회
7	전국 종별 태권도 품새 선수권대회	대한태권도협회
8	태권도원배 전국 태권도 대회	대한태권도협회
9	경찰청장기 전국태권도 대회 및 무도대회 주최	대한태권도협회
10	국방부 장관기 전국 단체대항 태권도 대회 주최	대한태권도협회
11	문화체육관광부 장관기 전국생활체육대회 주최	대한태권도협회
12	한국실업연맹 회장기 전국 태권도 대회	한국 실업태권도 연맹
13	한국 실업 최강전 전국태권도 대회	한국 실업태권도 연맹
14	하계 유니버시아드대회 파견 선발전	한국 대학태권도 연맹
15	한국대학연맹 회장기 전국태권도 대회	한국 대학태권도 연맹
16	전국 대학 개인선수권 대회	한국 대학태권도 연맹
17	한국중고연맹 회장배 품새선수권 대회	한국 중·고등학교 연맹
18	문화체육관광부 장관기 전국남녀중고대회	한국 중·고등학교 연맹
19	아시아 청소년 태권도 품새 선수권대회 선발전	한국 중·고등학교 연맹
20	전국 어린이 태권왕 대회	한국 초등학교 연맹
21	초등연맹 개인 선수권대회	한국 초등학교 연맹
22	초등학교 태권도 연맹회장기 대회	한국 초등학교 연맹
23	문체부 장관기 전국 초등학교 태권도 대회	한국 초등학교 연맹
24	한국여성연맹회장배 전국태권도 대회	한국 여성태권도 연맹
25	여성가족부 장관기 전국 태권도 대회	한국 여성태권도 연맹

연번	대 회 명	주 최
26	한국체육대학교 총장배 전국 품새대회	한국체육대학교
27	용인대학교 총장배 전국 품새대회	용인대학교
28	경희대학교 총장배 전국 품새대회	경희대학교
29	계명대학교 총장배 전국 품새대회	계명대학교
30	우석대학교 총장배 전국 품새대회	우석대학교
31	나사렛대 총장기 전국 품새대회	나사렛대학교
32	신한대학교 총장배 전국 품새대회	신한대학교
33	고신대학교 총장배 전국 품새대회	고신대학교
34	서울교육대학교 총장배 전국태권도 품새대회	서울교육대학교
35	제주특별자치도 태권도협회	제주특별자치도협회

제3조 (경기장)

1. 경기지역은 경기장 내 설치하며 10m×10m (자유품새 단체전의 경우 12m×12m)넓이의 수평 정방향으로 탄력성이 있는 매트 또는 마룻바닥이어야 한다.

   ☞ 품새는 개인전, 복식전, 단체전으로 구분.

   ☞ 공인품새(개인전, 복식전, 단체전), 자유품새(개인전, 복식전)경기장은 10m×10m이며, 자유품새 단체전 12m×12m 넓이의 경기장이다.

2. 경기장은 필요에 따라 높이를 올린 경기대로 할 수 있다. 단, 종목의 특성과 단체의 규모에 따라 경기장의 면적을 조정할 수도 있다. 경기지역 내의 배치는 다음과 같이 설치해야 하며 경기지역 안으로는 관계자 외 출입할 수 없다.

3. 경기지역의 구분

3.1. 10m×10m (자유품새 단체의 경우 12m×12m) 넓이의 경기장을 경기지역이라고 한다.
3.2. 마루 경기장일 경우 경기지역의 구분은 5cm 넓이의 백색선을 그어 구분한다.

☞ 경기지역 외 안전지역(경계지역) 설정이 1m×1m 필요하다.

(주의)
① 매트 : 매트의 탄력성의 강도와 재질, 색상 등 적합성은 대한민국태권도협회의 승인된 공인 매트를 사용해야 한다.
② 색상 : 색상은 반사가 심하지 않고 경기장 내 선수와 관중에게 시각적 피로를 주지 않는 종류로서 경기자의 도복을 비롯해 경기지역 내 제한 색상의 배색이 고려되어야 한다.

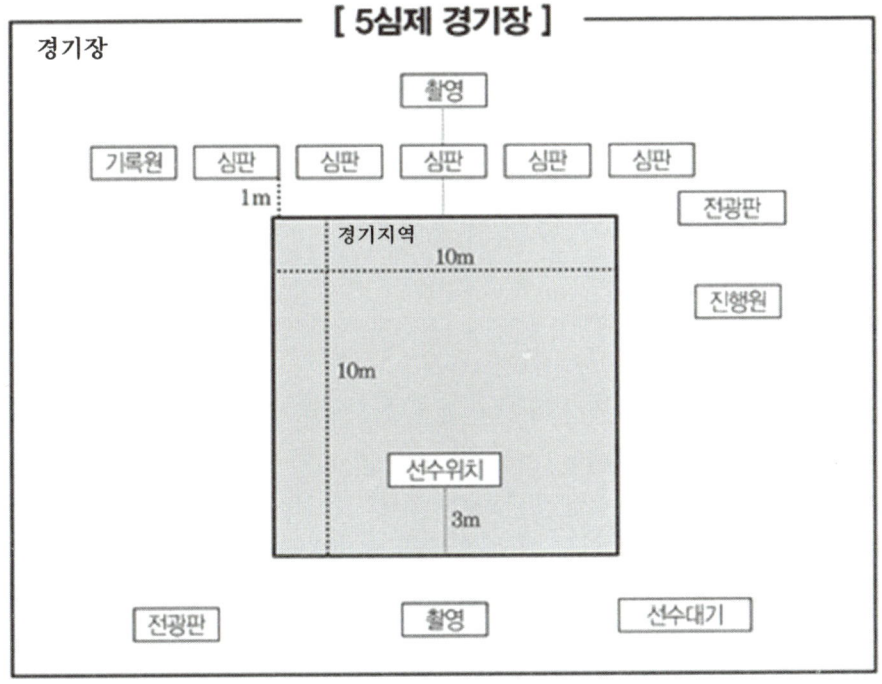

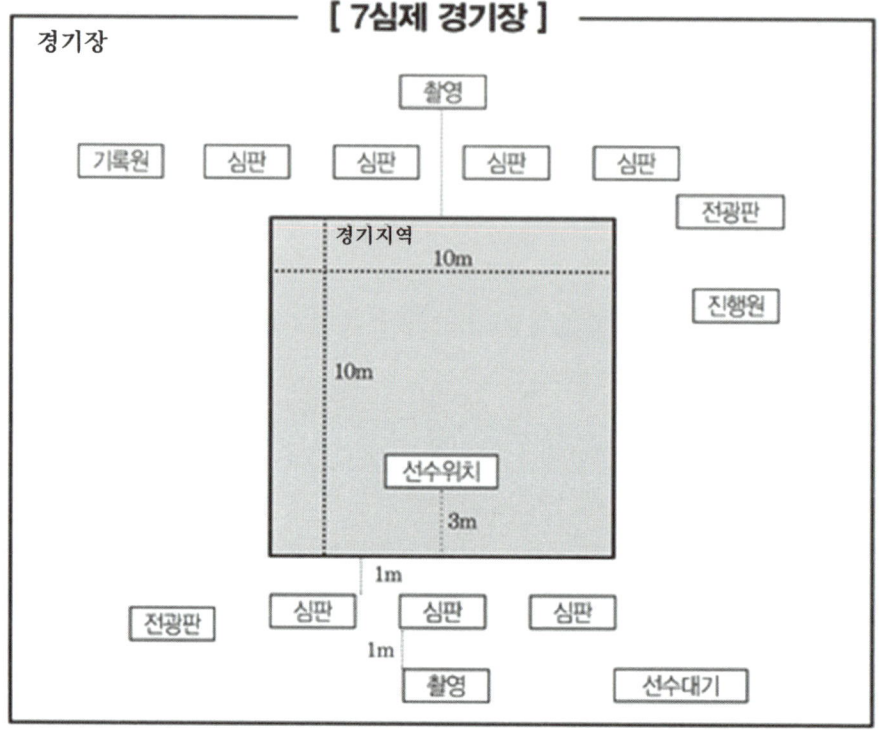

③검사대 : 검사대에서는 참가선수가 착용한 도복이 대한민국태권도협회가 승인한 공인도복인지 몸에 잘 맞는지 또는 불필요한 물건을 소지 또는 착용한 것을 점검하며 부적합 시에는 출전이 제한될 수 있다.

☞ 자유품새 시연 시 회전과 속도에 의해 선수들의 부상 방지를 위해 경기지역 외 안전지역 (1m 정도)이 필요하다.

☞ 현행 경기장과 심판석이 1m 떨어져서 설치되어 있는데 자유품새 시연 중 선수가 심판 책상에 부딪힐 우려 및 염려가 있고 또한 공인품새 시연 시 선수들과 심판 사이가 너무 가까워 심판 보기에 어려움이 있으니 현행보다 1m 정도 거리를 띄우는 것이 좋다고 생각한다.

☞ 현재의 5심제 상황에서는 뒤로 가는 동작은 보기가 어렵고 뒤에서 이루어지는 세부별 동작을 평가하기가 어렵다.(뒤로 가면서 동작을 안 해도 보이지 않으면 감점을 할 수가 없다)

☞ 경기 주최 측에서는 어려움이 따를 수도 있지만, 선수들을 위해 7심제 를 적용하게 된다면 공정하고 정확한 판정에 도움이 될 것이다.

☞ 지태 품새에서 뒤편에서 "기합"을 넣는데 선수 호출소리, 응원소리, 기타 소음으로 전면에서는 잘 들을 수가 없다.

☞ 심판은 5심제 기준 전면에 3명, 뒤편에 2명 또는 각(오각형) 방향으로 5명의 심판 배치 등 다양한 논의가 필요하다.

☞ 7심제에서 심판석이 뒤에 있으면 채점하기가 어렵다. 이는 채점기의 프로그램이 전면(선수들 앞에서 보는 것)과 같이 되어있다.
후면 심판석은 전면부와 다르게 채점기가 반대로 되어있어서 심판들이 즉시 채점하는데 헷갈려 한다. 채점기의 프로그램을 변경하여 뒤에서도 보이는 데로 판정할 수 있게 해주는 것이 필요하다.

제4조 (선수 및 지도자)

1. 선수

1.1 자격
  가. 국기원 품 · 단증 소지자로서 당해 연도 선수등록을 필한 자.
  나. 경기 참가에 문제가 되는 심신의 결격이 없는 자 (단, 결격 사유가 있는 자가 경기에 참가 시 해당 지도자 및 선수는 경기운영본부에 회부될 수 있으며, 사고 발생 시 해당 지도자 와 선수의 책임으로 한다.)
  다. 선수등록

1) 개인전, 복식전, 단체전에 출전하는 팀의 구성은 소속선수, 지도자가 동일한 연고지(도, 광역시) 내에서만 구성하여야 한다.
2) 고등부 이하 선수는 제1 소속(학교) 및 제2 소속(도장)의 연고지가 동일하여야 한다. 예) 경기도 소재의 중·고등학교에 재학 중인 선수가 서울시 또는(타시도) 소재의 도장 선수로 등록할 수 없다.

라. 본 협회 상임심판으로 활동한 자는 상임심판선발 해당 연도 다음 연도부터 2년 이상 지나야 한다.

☞ 2020년도 상임심판은 2023년도부터 선수로 등록이 가능하다.

☞ 상임심판 활동한 자에게 3년 동안 선수등록 할 수 없는 기간을 2년으로 1년 단축했다.

1.2. 복장
 가. 경기에 임하는 선수는 본 회가 공인한 도복(흰 도복, 경기용 도복)을 갖추어 바르게 착용하여야 하며 이를 위반할 시 실격처리 될 수도 있다. (여성선수의 경우 도복 상의 안에 흰색 셔츠만 착용 허용)
 나. 구분
 1) 개인전: 중학교 2학년까지는 도복이나 띠를 품도복과 품띠를 착용하여야 하며, 중학교 3학년부터는 나이와 관계없이 단도복과 단띠를 착용해야 한다.

☞ 중학생들의 복장이 규정에 위반되는 경우가 많다. 중학교 3학년생들은 단도복과 단띠 규정을 잘 확인하고 지켜야 한다.

☞ 단체전과 페어전 경기 때문에 헷갈리는 경우가 있는데 꼭 한 번 더 확인이 필요하다.

☞ 단체전과 페어전은 나이와 관계없이 품도복, 단도복을 통일하여야 하고 개

인전은 나이에 따라 품도복, 단도복을 착용해야 한다.

2) 단체전, 페어전 : 중등부는 학년(나이)에 관계없이 품도복 또는 단도복으로 통일한다.
3) 모든 선수는 도복에 소속을 표식할 수 있다.
※ 등판(가로 40cm, 세로 30cm 이내)과 가슴(소속 마크 지름 10cm 이내 1개와 태극마크 허용) 부위 및 한쪽 팔 부분만 허용한다.
※ 띠에는 이름과 소속을 표식할 수 있다.
4) 본 협회는 도복의 장식에 대한 규제 사항을 결정할 수 있으며 선수는 이를 반드시 따라야 한다.

(지침)
① 도복 상의 끝선은 팔목, 하의 끝선은 발목을 기준으로 한다.
② 도복 착용 시 띠의 길이는 매듭에서부터 25㎝(±5㎝)로 한다.
③ 단도복 착용자는 단띠, 품도복 착용자는 품띠를 매야 한다.
④ 등판 글씨 및 마크는 등록된 학교 및 도장 소속으로만 허용하며, 이는 대진표상의 소속과 같아야 한다.

☞ 도복에 대한 명확한 규정이 있음에도 불구하고 선수들이 도복 규정을 잘 지키지 않는 경우들이 있다. 팔목 및 발목을 기준으로 하고 있는데 이보다 더 위로 올라가는 경우들이 경기장에서 많이 보인다. 도복 지침을 어겨 불이익을 받는 선수가 발생하지 않도록 주의한다.

☞ 화려한 장식으로 심판들의 시선 분산 및 올림픽정신 훼손 등 경기에 불필요한 다양한 액세서리 착용 및 부착 금지

1.3. 의무(선수의 의무)
가. 본 협회가 주최, 주관 또는 승인 대회 시 한국도핑방지위원회(KADA)가 금지하는 약물을 사용 또는 복용하여서는 안 된다.
나. 본 협회는 필요에 따라 약물복용 여부를 검사할 수 있으며 검사에 불응하거나 금지하는 약물을 복용한 사실이 판명되면 본 회 스포

츠공정위원회에 회부되며 동시에 입상자는 등위가 박탈되고 차 하위자가 등위를 승계한다. (입상자에 한하여 적용. 3위 자는 높은 점수 우선)
다. 경기 중 선수는 경기에 불필요하거나 방해가 될 수 있는 장신구(리본, 머리띠 등) 또는 부착물이나 휴대품을 착용하거나 지닐 수 없으며 분장은 허용치 않는다. 피부색 테이핑만 허용되며 붕대 및 깁스는 허용되지 않는다.
라. 본 협회는 도복의 장식에 대한 규제 사항을 결정할 수 있으며 선수는 이를 반드시 따라야 한다.
마. 본회 대회에 참가하는 지도자는 본회 등록을 필하여야 한다.
바. 부상을 입은 상태로 경기에 출전해서는 안 된다.

☞ 선수 보호 차원에서 부상자는 절대 출전 금지 조항을 신설 했다.

☞ 선수보호차원 및 부상예방을 위해 테이핑을 허용한다.

2. 임원 (감독·지도자)

2-1. 자격
가. 문화체육관광부 발급 2급 전문스포츠지도사(구)경기지도자 자격증 2급) 자격증 소지자. (단, 국기원 사범자격증 소지자는 2023년도까지 유예함)
나. 당해 연도 경기규칙강습회 교육을 수료한 자.
다. 심신의 결격 사유가 없는 자로서 당해 연도 임원(감독·지도자)등록을 필한 자.
라. 팀당 감독 1인, 지도자(코치) 2인만 등록 가능. 1인 1팀만 등록 가능.
※ 상임심판선발자는 해당 연도 다음연도부터 1년이 경과 하여야 한다.
※ 선수 및 지도자가 상임심판원으로 활동하기 위해서는 해당 연도 다음연도부터 1년이 경과 하여야 한다.

☞ 공정한 판정을 위해 심판직을 수행한 사람은 1년간 지도자로 등록할 수 없게 한다.

☞ 공정한 판정을 위해 선수, 지도자로 활동한 사람은 1년간 상임심판 신청을 할 수 없다.

2.2. 복장
   가. 경기에 임하는 임원(감독·지도자)은 본 회가 발급한 임원증을 패용하여야 한다.
   나. 임원(감독·지도자)의 복장은 경기장 내에서 주의를 끄는 복장이거나 심판원의 복장과 동일해서는 안된다. (예- 반바지, 슬리퍼, 민소매, 모자 등 금지)

☞ 여름철 반바지 착용금지 및 여자 임원과 지도자들의 높은 구두 굽(하이힐) 신발 착용금지

   다. 경기장(경기지역) 내에서는 구두 착용 금지 ※ 선수 보호 및 경기장 보존

☞ 2020년부터 심판들은 운동화를 착용하고 있다.

2.3. 의무
   가. 임원(감독·지도자)은 경기규칙을 잘 알고 지켜야 한다.

☞ 경기규칙을 잘 알고 있어야 한다. 하지만 경기장에서 보면 지도진들이 경기규칙을 잘 이해를 하지 못하고 항의를 하는 경우도 있다.

☞ 자유품새에서 시간 미달 및 초과, 두발이 경기장 밖으로 나갈 경우 감점 규칙을 모르고 항의하는 경우도 있다.

☞ 자유품새에서 두 발이 경기장 밖으로 나갈 경우는 최종점수에서 0.3점 감점이어서 상당히 큰 점수이고 순위가 변동되는 점수인데 선수 및 지도자의 경기규칙 미 숙지로 인해 얼마 전 대회에서 경기장 밖으로 두 발이 밖으로 3번 나가서 무려 0.9점을 최종점수에서 감점받았다. 이러한 감점은 선수가 제아무리 좋은 기량을 발휘해도 성적이 상위권에 들어갈 수 없다. 역으로는 어렵게 수련하고 운동한 결과를 경기 규칙 미숙지로 인해 큰 피해를 본 경우이다.

☞ 공인품새 채점이 '준비'에서 '바로'까지인데 '쉬어' 하는데 감점요인이 발생하였다고 항의를 하는 지도진도 있었다.

　나. 임원(감독·지도자)은 선수를 보호하고 경기진행에 협조하여야 하고, 경기 중 과도한 몸짓이나 언어를 사용할 수 없다.

☞ 지도자가 코치석에 앉아서 하나, 둘 구령을 크게 붙이는 경우

☞ 기합 넣어야 할 경우 기합이라고 소리치는 행위

☞ 선수가 시연하는 동안 코치(지도자)는 지정된 좌석에 앉아야 한다. 심판들의 시선 분산 금지 및 집중도를 높이기 위해 앉아야 한다.

☞ 단체전, 복식전, 컷오프 시연 시 대기하는 선수가 절대로 품새 연습을 하면 안 된다. 다른 팀 선수는 연습 없이 바로 들어가기 때문에 동등한 입장에서 평가받기 위해 절대로 연습하면 안 된다.

　다. 임원은 소속팀 외 선수의 경기에 지도자로서 임할 수 없다. (단, 특별한 사유 발생 시 경기운영본부에서 조정할 수 있다.)
　라. 심판의 허락 없이 경기지역 내에 출입할 수 없다.
　마. 자유품새 경기 시 지도자는 반드시 참석하여야 한다. 단, 정당한 사유 발생 시, 자격을 갖춘 지도자에서 위임할 수 있다. (위임장 제출)

☞ 선수 부상 상황 발생시 신속한 대처가 필요하기 때문에 필히 지도자가 있어야 한다

☞ 자격을 갖춘 지도자는 당해연도 등록을 필 한 지도자이다.

제5조 (종목)

이 규칙이 인정하는 품새 경기의 종목은 다음과 같다.

1. 공인 품새

1.1. 개인전 : 남자부, 여자부
1.2. 복식전 : 남녀 혼성(인원 2명)- 남자 1, 여자 1
1.3. 단체전 : 남자부, 여자부(인원 각 3명) 남자부- 남자 3명, 여자부- 여자 3명

2. 자유 품새

2.1. 개인전 : 남자부, 여자부
2.2. 복식전 : 남녀 혼성(인원 2명)
2.3. 단체전 : 남, 여 각 2명 이상을 포함한 5명으로 구성한다.
- 남자 2, 여자 3 혹은 남자 3, 여자 2명(후보 선수 1명을 포함한 총 6명으로 구성할 수 있다) ※ 입상자는 결선 출전선수에 한한다.

3. 경기 품새

제6조 (부별 구분)

1. 품새경기는 개인전, 단체전, 복식전으로 구분하고 각각 다음과 같은 부별로 시행될 수 있다.

☞ 나이 관련 출생연도 기준은 대회요강을 참고하면 된다.

1-1. 세계연맹기준표 (국가대표 선발전, 통합 경기 시 참고)

부 별	자 격
유소년부	12세~14세
청소년부	15세~17세
-30세	18세~30세
-40세	31세~40세
-50세	41세~50세
-60세	51세~60세
-65세	61세~65세
+65세	66세 이상

2. 자유품새 부별 기준

부별 \ 자격	17세 이하	17세 초과
개인전(남자부, 여자부)	12~17세	18세 이상
복식전(남, 여 혼성)	12~17세	18세 이상
단체전(혼성)	남, 여 2명 이상을 포함한 5명으로 구성	

☞ 자유품새 단체전은 6명인데 후보선수가 오지 않고 5명이면 실격 처리된다.

※ 국내 적용 자유품새 경기는 중등부 1,2학년부와 3학년부로 분리할 수 있다.
※ 국내 적용 자유품새 경기는 고등부 1,2학년부와 3학년부로 분리할 수 있다.

☞ 2022년도까지 자유품새 경기가 중등부, 고등부로 나누어져 있었다. 선수들의 기량과 신체적인 측면에서 1년은 극복할 수 있지만 2년은 극복하기가 어렵다. 품새 기술심의회에서도 이러한 문제점을 알고 중등 1. 2학년부, 3학년부, 고등 1, 2학년부, 3학년부로 분리할 수 있게 경기규칙을 개정했다. 개정된 경기규칙으로 인해 자유품새 선수 저변확대에 도움이 되길 기대한다.

3. 공인품새 각 부별 구분표(국내 적용)

부 별		개인(남자, 여자)	단체(남자,여자)	복식(남,녀혼성)
초등부	저학년부	초등1~2학년 재학생	초등 저학년부 (1~3학년)	초등 저학년부 (1~3학년)
	중학년부	초등3~4학년 재학생		
	고학년부	초등5~6학년 재학생	초등 고학년부 (4~6학년)	초등 고학년부 (4~6학년)
중등부	1학년부	중학교 1학년 재학생	중 등 부	중 등 부
	2학년부	중학교 2학년 재학생		
	3학년부	중학교 3학년 재학생		
고등부	1학년부	고등학교 1학년 재학생	고 등 부	고 등 부
	2학년부	고등학교 2학년 재학생		
	3학년부	고등학교 3학년 재학생		
대학 1부		대학교 1학년 재학생	대 학 부	대 학 부
		대학교 2학년 재학생		
대학 2부		대학교 3학년 재학생		
		대학교 4학년 재학생		
금강 1부		만18세 이상~ 만25세까지	성 인 부	성 인 부
금강 2부		만26세 이상~ 만30세까지		
태백 1부		만31세 이상~ 만35세까지	장 년 부	장 년 부
태백 2부		만36세 이상~ 만40세까지		
지태 1부		만41세 이상~ 만45세까지		
지태 2부		만46세 이상~ 만50세까지		
천권부		만51세 이상~ 만60세까지		
한수부		만61세 이상		

※ 미성립되는 부는 통합하여 실시할 수 있다.

☞ 대학부 경기가 2022년까지는 1~2학년은 1부, 3~4학년은 2부로 나누어 시행했는데 1부, 2부로 묶어서 경기를 치르니 출전 선수들이 너무 많아 입상 한번 하지 못하고 졸업하는 경우가 많다. 개인전 국내 일반대회는 대학

부를 학년별로 구분하여 시행하고 복식, 단체전은 기존처럼 1부, 2부로 나누어 시행한다.

▶ 경기성립 요건
① 본 회가 공인하는 모든 대회는 4개 팀(명) 이상이 참가하여 대전하여야 하며, 4개 팀(명) 이상 참가하지 않은 부의 경기결과는 공식 결과로 인정되지 않는다.
※ 실격, 미출전 등의 사유로 4개 팀(명) 이상 대전하지 않은 경우는 공식 결과로 인정되지 않음.
※ 경기 당일 미성립 시 시연은 가능하며 시상식 미실시
※ 시연 시 상장 미지급 및 메달만 지급

☞ 대회 대진표 확인시 4명 혹은 4개팀 이상이 참가하여 경기가 성립되어 현장에 왔으나 부상, 질병, 실격등의 이유로 미 성립되어 경기를 못하는 경우도 발생되었다. 2023년도부터는 미 성립되는 부는 통합하여 실시 할 수 있다로 개정되었다.

☞ 세계품새대회 선발전 여자부 65세 이상 경기 미성립으로 2022 고양세계선수권대회 여자부 65세 이상 불참했다.

☞ 품새대회 부별 구분이 고등학생은 학년별로 되어 있어 품새선수들의 미래를 너무 작게 하고 있다. 고등 3학년이 되면 대학 입시와 연계가 되어 있어 선수의 미래와 인생이 결정되는 시기로 볼 수 있다. 하지만 부별 구분이 고등학교 학년으로 되어 있다 보니 많게는 256강, 128강부터 시작하는 경우가 많다. 200여 명의 참가 선수 중 단 1명의 선수만 1등을 하다 보니 학교에서 16강 8강 성적도 인정을 해주는 곳이 있다. 하지만 태권도 품새의 발전과 선수들의 미래를 위해 학년을 부별 구분하지 말고 한 학년의 선수들을 키(cm) 또는 몸무게(kg)로 구분하는 등 다양한 방법을 적용하여 적어도 2~3개 그룹으로 구분하여 선수들에게 대학의 문호를 넓혀 주는 것은 어떨지 진지한 고민이 필요하다.

②단체전은 남자부와 여자부로 분류하며 구성인원은 3명이다. 4팀 이상이 참가하여야 하며 3팀 이하인 경우 경기가 성립되지 아니한다.
③복식전은 남자와 여자의 혼성으로 구성인원은 2명이다. 4팀 이상이 참가하여야 하며 3팀 이하인 경우 경기가 성립되지 아니한다.
※포기각서 제출 시 향후 3경기 출전정지. 단) 의사 소견서 및 타당한 증빙서류 제출 시 예외로 한다.
※무단 경기 포기 시 향후 1년간 출전 금지한다.
(예:2021.3.15.~2022.3.15.)

☞ 승부조작 및 밀어주기 금지
예)입상 성적이 많은 선수가 더 이상 성적이 필요치 않을 때 메달 순위전에서 고의적으로 져주기 하는 경우

제7조 (경기 방식)

1. 경기의 방식은 다음과 같이 구분한다.
1.1. 일리미네이션 토너먼트 방식.
1.2. 라운드 로빈(리그전) 방식.
1.3. 컷오프(단계별 점수제) 방식.
1.4. 혼합방식: 컷오프 방식 + 토너먼트 방식.
2. 경기 방식 및 경기 운영에 대한 구체적인 사항은 대회요강을 통해서 사전에 정해져야 하며 대표자 회의 시 변경될 수 있다.

☞ 모든 스포츠는 경기 자체에 흥미가 있어야 한다. 현재 품새경기는 2가지의 품새를 가지고 대전을 하는데 본인에게 유리한 품새가 나오면 승리할 확률이 높다. 결승전까지 옆차기(변별력 있음) 한번 차지 않고 올라오는 선수도 있었다.

☞ 재미와 흥미를 유발하기 위해 품새를 회전제로 해서 3회전까지 경기를 시키는 회전 '승" 경기를 운영하는 것이 관중들에게 어떤 묘미를 제공 할 수

있을까 하는생각이 든다. 즉, 승자 '회전 승' 제도를 도입하여 1품새, 2품새, 3품새를 시연하여 승부를 결정짓는 것으로 2:0 이 나오면 경기를 종료하고 1:1이 되었을 경우에는 뒤쪽 품새 중 하나를 추첨하여 3품새를 시연하여 3회전에서 승부를 결정지으면 된다.

☞ 회전 '승' 경기가 선수들의 체력과 품새대회에서 관중들의 흥미 유발을 위해 도입을 검토해봐야 할 것이다.

▶지침
① 일리미네이션 토너먼트 방식:상대 선수의 결정은 전자 또는 수동추첨에 의한 방법으로 대진을 결정하고 대진표에 따라 경기하며 매회 패자는 탈락하고 최종 순위까지 계속 승자끼리만 승부를 가리는 경기 방식이다.
② 컷오프 방식은 예선, 본선, 결선으로 이루어진다.
2.1. 예선 : 참가선수 중 상위 점수 50%를 선발한다.
2.2. 본선 : 예선에서 선발된 선수 중 8명을 선발한다.
2.3. 결선 : 본선에서 선발된 8명의 선수로 시연한다.
2.4. 본선의 대진표는 랜덤으로 추첨하여 결정한다.
③ 혼합 방식은 예선과 본선은 컷오프 방식으로 선발하고 결선은 토너먼트 방식으로 경기한다.
3.1. 예선 : 참가선수 중 컷오프 방식으로 상위 점수 50%를 선발한다.
3.2. 본선 : 예선에서 선발된 선수 중 상위 점수로 8명(팀)을 선발한다.
3.3. 결선 : 본선에서 선발된 8명(팀) 선수를 본선 성적순에 따라 시드 배정한 후 토너먼트 방식으로 최종 등위를 결정한다.
※ 조별로 나누어 결선 진출자 8명(팀) 선발 시 시드 배정 없이 랜덤으로 추첨하여 토너먼트 대진표를 결정한다.
3.4. 리그전은 여러 선수가 일정한 기간에 같은 시합 수로 서로 대전하여 그 성적에 따라 순위를 결정하는 방식이다.
▶주의 : 참가 인원에 따라 조 편성을 한다. 단, 조별 최대 인원은 11명을 초과할 수 없다.

☞참가인원을 11명으로 정해 놓은 것은 심판들의 피로도 때문이다. 평소 집중력으로 인해 심판 교대시간이 20분인 것을 감안 하면 11명 더 이상 조를 편성하면 안 된다.

☞한, 두 명 더 초과하면 경기 운영에 편리할 수는 있지만, 선수들에게는 자칫 큰 손해가 발생할 수도 있다.

☞품새 심판은 다른 심판업무와 달리 경기에 극도로 초 집중하여 선수들의 기량을 평가하기 때문에 금방 지치기 쉽다.

☞심판부의 축적된 경험으로 20분이 가장 이상적이라고 평가해서 실시하기 때문에 공정한 판정을 위한 선수 보호 차원에서도 시간을 지켜 주면 좋을 것이다.

※컷오프 결선 : 11명 이하의 선수가 참가했을 경우 본선 경기 없이 바로 결선 경기로 최종 등위를 결정한다.
※컷오프 본선 : 12명 이상 21명 이하의 선수가 참가했을 경우 예선경기 없이 바로 본선 경기로 상위 점수로 8명(팀)을 선발한다. (상황에 따라 조를 나누어 진행할 수 있다)
※컷오프 예선 : 22명 이상의 선수가 참가했을 경우 예선부터 진행하며 조를 나누어 조별로 각각 다른 지정 품새 2개를 시연하며 상위 점수로 50%를 선발한다. 조별로 선발된 인원은 랜덤으로 추첨하여 본선에 진출한다.

☞현행 경기 방식인 컷오프에서 예선, 본선, 결선 3단계는 단계가 너무적다. 예를 들어 80명의 선수가 나오게 되면 10명 기준으로 8개 조가 편성된다. 1차 예선에서 50%인 40명의 선수가 통과하지만, 본선에서는 40명 중 8명만 선발하게 된다. 4개 조로 편성되면 조별로 2명의 선수만 통과할 수 있다. 토너먼트보다 더 어려운 경기가 될 수 있다.

☞선수들에게 경기 참여의 기회 확대를 해주기 위해 예선 1, 예선 2로 나눠

서 예선전 각각에서 50%의 선수를 선발(참고: 80명 선수 참가, 예선1에서 50% 40명, 예선2에서 50% 20명을 선발) 본선을 통하여 8명을 선발하여 결선을 치르는 것이 좋은 방안이 아닐까 하는 생각도 든다. 또한, 예선 2부터는 1 by 1경기 방식을 적용하는 것이 좋은 방법이지 않을까 하는 생각도 든다.

※대표 선발전 방식은 대회 요강에 따라 별도로 정한다.
※자유품새 경기방식은 대회 요강 및 대표자 회의에서 별도로 정할 수 있다.

☞ 대회 경기 방식에 따라 선수들의 기량 및 승패도 많이 좌우된다.

☞ 컷오프 경기에서 1번 선수의 점수가 기준이 되는데 자칫 점수가 너무 낮다든지 반대로 너무 높게 되면 나머지 선수들 채점하는데 상당한 어려움이 뒤따른다.

☞ 컷오프보다는 1 by 1경기가 때로는 좋은 선수를 선발할 수 있고 공정성을 확보할 수 있다.

☞ 본선 10~11명의 선수 중에 2명의 선수를 선발하는 것은 상당히 기술적으로 어려운 부분이 많다. 본선에 오른 선수들은 기량도 비슷하고 동작 하나 실수에 승부가 결정되는 경우도 많아 10명 정도 되는 선수들을 다 기억하고 판정을 내리기는 쉽지 않다.

☞ 예선전 점수나 경기 실적 등을 가지고 시드배정 후 토너먼트 1 by 1경기로 치르게 되면 더 우수한 선수를 선발할 수 있지 않을까 하는 생각이 든다.

☞ 컷오프나 1 by 1경기 모두 한 명의 선수가 나와서 시연을 하고 판정의 결과를 기다리는 방식이므로 객관성과 공정성이 더 확보될 것이다.

☞ 얼마 전 국가대표 선발전에서 개인전, 단체전, 복식전 선수를 별개로 뽑는

대회가 있었다. 대한태권도협회 국가대표 선발전은 개인전 1~5위 선수까지 선발하여 1위는 개인전, 2위는 복식전, 3~5위는 단체전 국가대표 선수로 출전을 하는데, 이 대회의 운영방식은 개인전, 복식전, 단체전 선수를 각각 뽑는 방식이었다. 선수가 많은 팀에서는 경기를 선택해서 나갈 수 있었고 선수가 부족한 경우는 오로지 개인전만 출전해야 하는 경우이다. 개인전은 128강, 64강부터 시작하였고, 복식, 단체전은 16강, 8강부터 시작하였다. 주최 측의 의견은 선수들이 합숙해서 연습할 수도 없으니 팀별로 복식, 단체전 잘하는 선수를 선발하였다는데 조금 더 선발에 묘미를 두고 선발전을 실시하면 모든 선수에게 기회가 공정하게 돌아갈 것이다.

제8조 (공인품새의 지정)

1. 지정품새는 2개의 품새를 시연함을 원칙으로 하고 대회요강에 따라 조정될 수 있다.
2. 지정품새 추첨방식은 경기방식에 따라 경기 당일 경기운영본부에서 추첨 후 발표하는 방식과 매 경기마다 현장에서 심판에 의해 전자 추첨하는 방식으로 나눈다.(지정 8개 품새 중 앞쪽 4개 품새 중 1개 뒤쪽 4개 품새 중 1개씩 추첨이 되도록 하고 지정 품새 7개 품새는 앞쪽 4개, 뒤쪽 3개 중 추첨한다.
3. 공인품새 경기는 부별로 다음의 표에서 정한 품새 가운데 지정 또는 추첨하여 정할 수 있다.

☞ 지정품새는 2개 시연이 원칙이다. 어떤 대회에서는 운영의 묘미를 살리기 위해서 품새를 1개 시연하는 경우가 있는데 1개를 하면 역전의 묘미를 찾을 수가 없다. 시간이 지연되더라도 경기규칙에서 규정한 데로 2개를 시연하는 것이 좋다.

☞ 지정품새 방식 중 지정 7개의 품새 추첨 방식을 규정 개정을 통해 명확하게 했다.

☞ 국가대표 선발전은 대한민국을 대표하는 선수를 선발하는 각축장이다. 하지만 아시안 게임 대표 선수를 선발하는데 공인품새 1품새(50점), 자유품새(50점) 성적으로 선수를 선발했다. 대표선수를 선발하는데 공인품새가 7장~십진 품새까지였다. 추첨 결과 유급자 품새가 선정되었고 변별력이 그렇게 높진 않았다. 아시안게임 대회가 이런 방식으로 운영된다고 하지만 다양한 현장 상황에 대응하기 위해서는 대한민국 국가대표 선발전에는 유급자 품새 한 개가 아닌 유급자, 유단자 품새 한 개씩 두 개를 시연하여 우수한 선수를 선발했으면 어떨까 하는 생각이 들었다.

4. 부별 지정품새

4.1. 개인전

부 별		지 정 품 새	학 년
초등부	저	태극3, 4, 5, 6, 7, 8장, 고려	초 1~2
	중	태극4, 5, 6, 7, 8장, 고려, 금강	초 3~4
	고	태극5, 6, 7, 8장, 고려, 금강, 태백	초 5~6
중등부		태극5, 6, 7, 8장, 고려, 금강, 태백, 평원	중학생
고등부		태극6, 7, 8장, 고려, 금강, 태백, 평원, 십진	고등학생
대학부 금강1,2부		태극7, 8장, 고려, 금강, 태백, 평원, 십진, 지태	18-30세 이하
태백1,2부 지태1,2부		태극8장, 고려, 금강, 태백, 평원, 십진, 지태, 천권	31-50세 이하
천권부 한수부		고려, 금강, 태백, 평원, 십진, 지태, 천권, 한수	51세 이상

4.2 단체전, 복식전

부 별	지 정 품 새	학년/나이
초등부(저)	태극3, 4, 5, 6, 7, 8장, 고려	초1~3
초등부(고)	태극3, 4, 5, 6, 7, 8장, 고려, 금강	초4~6
중등부	태극5, 6, 7, 8장, 고려, 금강, 태백, 평원	중등부
고등부	태극6, 7, 8장, 고려, 금강, 태백, 평원, 십진	고등부

대학부	태극7, 8장, 고려, 금강, 태백, 평원, 십진, 지태	대학교 재학생
성인부	태극7, 8장, 고려, 금강, 태백, 평원, 십진, 지태	18-30세
장년부	고려, 금강, 태백, 평원, 십진, 지태, 천권	31세 이상

제9조 (자유품새)

1. 자유품새는 태권도의 기술을 바탕으로 안무와 음악과 함께 어우러진 품새를 말한다.
2. 자유품새 구성
   2.1 연무선: 참가 선수가 자유로이 구성
   2.2 음악 및 안무: 참가 선수가 자유로이 구성
   2.3 태권도기술이라 볼 수 없는 기술은 감점대상이며 태권도 기술의 정의는 참가 선수가 사전 품새 계획서 제출 시 품새위원회가 태권도 기술로 인정하는 기술

☞ 현재 계획서를 제출 하는 게 정상적이지만 경기운영에 따라 현재는 제출하지 않고 있음.

☞ 선수들이 하나의 작품을 가지고 오랫동안 연마하고 숙달하기 때문에 계획서를 제출하는 것으로 세부 규정이 바뀌어야 할 듯함.

제10조 (경기 시간)

종목별 경기 시간은 다음과 같다.

종 목	제 한 시 간
공인 품새	90초 이내(1개 품새 시 해당)
경기 품새	120초 이내
자유 품새	90초 이상 100초 이내

※품새 시연 중간 휴식 시간은 30초~60초 이내로 한다. (대회 종류에 따라 휴식 시간은 조정될 수 있다.)

제11조 (대진표 추첨)

1. 추첨은 본 회 전자결제시스템을 통해 대회접수 기간 내에 참가비를 결제 완료한 선수를 대회 요강에 의하여 실시하며 추첨방식은 수동 또는 전자추첨으로 한다. 단, 경기의 효율을 위해 대회 요강에 따라 시드를 배정할 수 있다.
2. 추첨 일시 및 장소는 대회 요강에 사전 공지하며, 희망하는 지도자는 참관할 수 있다.
3. 대표자 회의에서 결정된 사항은 홈페이지에 게시하며 불참한 지도자 (감독, 코치)는 결정된 사안에 무조건 따른다.

☞ 대표자 회의에 결정된 사항은 홈페이지에 게시되고 있으니 특별한 사유가 없는 한 현장 대표자 회의는 지양하는 것이 좋다.
단) 국가대표 선발전 등 일부 대회는 현장대표자 회의가 필요한 경우도 있다.

제12조 (경기 진행)

1. 출전선수는 경기 당일 경기 예정시간 30분 전부터 경기장(대기실)에서 경기 진행요원의 통제에 따른다.

☞ 선수 및 지도자는 방송 및 일정표를 잘 챙겨서 확인해야 한다.

2. 선수의 호출: 경기 시작 30분 전부터 3회 호출하며 출전 선언 후 출전하지 않으면 실격으로 처리한다.

☞ 대회마다 경기장에 제시간에 출전하지 못하여 실격당하는 선수들이 많다. 이러한 선수들을 볼 때마다 마음이 아프다. 선수는 대회를 위해 열심히 준비했겠지만

불가항력으로 호출을 못 들어 참가도 못 하고 기량도 평가받지 못하는 사례가 빈번하게 발생하고 있으니 꼭 출전 번호 확인을 잘해야 한다.

3. 신체 및 복장 점검 : 호출된 선수는 검사대에서 검사원에게 신체 및 복장을 검사받아야 하며, 상대방 또는 관중들에게 혐오를 주는 용모나 위해를 끼칠 수 있는 물건을 지녀서는 안 된다.

4. 선수 입장 : 검사를 마친 선수는 1명의 소속지도자와 함께 지정된 대기석에 입장한다.

5. 경기 진행의 절차

5.1. 선수는 진행원(음향기기음)의 "출전" "차렷" "경례" "준비 및 시작" 구령 후에 품새를 시연하며, "시작" 구령으로부터 "바로"까지 시간을 측정한다. (품새 점수채점은 준비부터 바로까지 채점하는 것을 원칙으로 한다.)

☞ 몇 년 전부터 품새 경기의 채점은 "준비"부터 "바로"까지이다.

☞ 대부분의 지도자들이 채점 지침은 상세하게 읽어보고 있다. 경기규칙은 본인이 필요한 부분만 듣는 경우가 간혹 발생하는 데 가장 중요한 채점원칙이 경기규칙에 있다 보니 등한시하는 경우가 있다.

☞ 경기규정을 제대로 인지 못 하고 품새 종료 후 쉬어 과정에서 반대 발을 당겨서 바로 했는데 심판들이 큰 실수로 인정 0.3점을 감점해야 하는데 아무도 하지 않아 우리 아이가 졌다고 소청을 제기하려고 오는데 이는 경기규칙 미숙지에서 온 웃지 못할 헤프닝이었다.

☞ 지도자 및 선수들은 경기규칙을 정확하게 숙지하여 규칙 미숙지로 인한 피해를 입지 않도록 해야 할 것이다.

5.2. 선수는 품새가 끝나면 지정된 위치에서 진행원(음향기기음)의 "바로" "차려" "경례" "쉬어"에 따라 입례한 후, 바로 서서 판정을 기다린다.

☞ 평원 품새를 비롯한 모든 품새 바로 시 박스 아웃이 잘 판정이 되지 않을 때 심판이 직접 확인하러 갈 때도 종종 있다. 기록원은 1번 심판이 "잠시 대기"라고 외치면 심판이 현장에 가서 확인할 때까지 구령을 내보내면 안 된다.

☞ 선수는 바로 후에 "차렷" 이나 "쉬어" 구령이 나오기 전까지 절대 움직이면 안된다. 만약에 움직였을 경우 아주 큰 점수이니 심판들이 의논해서 결정해야 하고, 이것이 어려울 경우 영상판독이라도 해서 확인해야 한다.

5.3. 전광판의 표출에 의해 승자가 선언되고 선수는 퇴장한다.

제13조 (감점 및 실격)

1. 감점 사항

1.1. 종목별로 지정된 제한 경기 시간을 미달 또는 초과할 경우는 최종점수에서 0.3점을 감점한다.

☞ 최종점수 : 심판들의 최고점, 최하점을 제외한 후 평균점수를 표출하는데 표출되는 점수가 최종점수이다. 이 최종점수에서 0.3점을 감점 하는 것이니 아주 크게 감점당하는 큰 점수이며 승패에 아주 중요한 영향을 미친다.

1.2. 정확도 요구 항목에서 국기원 교본 규정에 없는 동작을 했거나 틀린 동작을 수행했을 경우 0.3점을 감점한다.
1.3. 정확도 요구 항목에서 발자세, 손동작 등 국기원 교본 동작 규정에서 경미하게 벗어난 경우 0.1점을 감점한다.

1.4. 품새 시연 중 처음부터 다시 시작할 경우 0.6점 감점 후 시작한다. (1 by 1, 컷오프 경기에서만 적용)
1.5. 자유품새 경기 중 경기장 경계선을 두 발이 넘을 경우 최종 점수에서 0.3점을 감점한다.

2. 실격 사항

2.1. 개인전 출전선수가 선수 등록된 부와 다른 부로 출전 시는 실격한다.(대학부로 선수등록 하고 성인부로 출전하는 경우, 휴학한 대학생의 경우 대회 출전불가, 대학 재학생이 성인부로 선수 등록하는 경우 등.)

☞ 대한체육회 지침사항으로 대학생은 재학생 기준이다. 늦깎이 대학생도 재학생일 경우는 대학생으로 경기에 출전할 수 있다.

☞ 휴학생은 재학생이 아니므로 대학부로 출전할 수 없다.

2.2. 단체전의 경우 소속 선수의 불참으로 인해 단체 구성이 미달할 때는 실격 조치한다.
2.3. 참가선수 중 부정선수 발견 시 게임 몰수 및 실격한다. (해당 팀 지도자 및 선수는 경기운영본부의 회의결과에 따라 조치한다.)
2.4. 고의로 기권을 하거나 승부 조작에 해당하는 행위를 한 경우는 선수 및 지도자를 경기운영본부에서 현장 조치한 후 스포츠공정위원회의 징계 관련 절차를 따른다.
2.5. 경기 시간 내에 경기장 입장을 못 한 경우 실격한다.

3. 중복출전

3.1. 공인품새, 자유품새 참가종목 제한 : 중복출전 가능.
　가. 세부(개인, 단체, 복식) 부문별 중복참가 가능 (단, 고등부 : 공인품

새 1개, 자유품새 1개 출전 가능)
나. 중복참가 시 개인전은 필수이며, 복식전과 단체전 중 1종목만 선택하여 참가 가능. ※ 공인품새 개인전 출전과 자유품새 단체전(복식) 참가 가능.
다. 복식전, 단체전 참가 시 학교 또는 등록 도장명으로 참가할 수 있으나 최대 2팀으로 제한.

3.2. 경기 후 부상 또는 기타의 사유로 경기 진행이 어려울 경우 다음 경기 전에 출전 포기 각서를 제출하여야 한다.

제14조 (동점의 처리)

1. ① 공인품새는 최종 점수가 동점일 경우 1) 표현력 2) 정확도 3) 상하 포함 총점수 순으로 한다.
　② 자유품새는 최종 점수가 동점일 경우 1) 기술력 2) 연출력 3) 상하포함 총점수 순으로 한다.
2. 재 경기 시 지정품새 중 뒤쪽의 1개 품새를 시연하되 이전에 실시한 품새는 재경기의 점수에 영향을 주지 않는다.

☞ 규정개정을 통해 동점 시 뒤쪽의 품새 중 1개를 선택한다고 명시했음.

3. 재경기 시에도 동점이 될 경우에는 제14조 1항과 동일하다.
4. 재경기 시에도 모두 동점일 경우 품새를 한 번 더 추첨하여 재경기를 실시한다.
5. 컷오프 방식 예선전의 경우 동점자의 수에 따라 재경기 또는 동점자 전원을 다음 회전에 진출시킬 수 있다. (예선전에서 동점자가 3명 이하일 경우 모두 다음 회전에 진출하고 동점자가 4명 이상일 때는 재경기를 실시한다.)

☞ 재 경기 시 품새 추첨은 하위 4개가 아닌 상위 4개 중 추첨으로 하고 있다.

☞심판은 하나의 품새를 판정하는데 동점이 나오면 안 될 것이다.
- 품새심판은 각각의 심판들이 고유의 판정권을 가지고 있다.
- 각각의 심판원들은 하나의 품새를 판정하는데 동점을 주면 안 될 것이다. 청, 홍의 선수 중 1 품새, 2 품새 각각에서는 승부를 결정지어 줘야 한다.
- 품새를 판정하다 보면 최고/최하 점수가 빠지고 평균으로 결정하기 때문에 동점이 발생할 수도 있다.
- 두 번째의 품새 채점을 한 후 1, 2 품새 합계에서는 동점이 나올 수 있다.

☞ 2022 태권도 품새경기 채점의 경우 소수점 자리 수가 명확하게 표기가 되어 있지 않다. 기기 회사별로 점수표출, 점수 합계 방법 등도 다 틀려서 통일화, 일원화시킬 필요가 있다.
① 0.3 감점 전광판 표출 부분 현재는 A 사는 표출, B 사는 표출되지 않고 있는데 0.3 감점 전광판 표출로 통일이 필요하다.
② 현재 총점 및 점수 표출 시 소수점 3자리까지 표출되고 있다. 하지만 A사는 소수점 4자리는 절사하고 있고, B사는 소수점 4자리에서 5 이상은 반올림하여 표출하고 있었다.
- 메달권 진입 여부에 따라 대학진학이 결정되는 고등부 8강 경기에서 1품새, 2품새 동점 상황이 발생했다. 경기규칙에 따라 동점 처리를 하는데 표현력 동점으로 정확도로 판정한 경우가 있는데, 경기 다음날 지도자가 찾아와서 하소연하고 갔다. 지도자의 이야기인즉슨, B 사 프로그램으로 경기가 치러졌으면 수수점 4자리에서 반올림하면 표현력에서 앞서 승리를 한다고 했다.
- 어렵게 훈련한 선수들이 A, B, C사의 프로그램 차이로 메달 색깔이 바뀌는 경우가 발생하면 되지 않을 것이다.

제15조 (경기 결과의 판정)

심판이 항목별로 채점한 점수의 최고, 최저 점수를 제외한 평균 점수의 합으로하며 소수점 3자리까지 반영한다.

☞ 선수의 경기력과 심판의 채점이 채점기 제조사의 시스템으로 바뀔 수 있다는 점은 잘못된 것이라고 할 수 있다. 이러한 시스템의 문제점을 해결하기 위해 소수점에 대한 규정을 명확하게 정해서 명문화시키는 것이 필요해 2023 경기규칙에 소수점 규정을 개정했다.

1. 판정승: 경기 결과의 점수 차로 인해 판정이 난 경우.
2. 기권승: 경기 도중 부상 또는 기타의 사유로 경기 진행이 어려운 경우.
3. 실격승: 상대 선수가 출전치 않았거나 자격을 상실하였을 경우.

☞ 현재 채점은 5심제로 인하여 최고, 최저 점수를 제외한 평균 점수를 각 항목별로 계산하고 있다. 심판들은 간혹 청/홍 선수의 승패만 결정지어 준다고 생각해서 점수를 입력하는데 점수 입력에 주의를 기울이지 않으면 4:1, 3:2 상황에서 1이 이기고, 2가 이기는 상황이 발생 되기도 한다. (심판들 평가 점수 차이 때문에 발생함)

☞ 현재 심판부에서는 심판들 상호 간 점수 차이를 좁히기 위해 노력하고 있으며 정상적으로 4명의 심판이 '승'을 준 것과 3명의 심판이 '승'을 준 것처럼 다수가 승을 주면 이길 수 있게 각 항목별 편차를 줄여서 판정하려고 노력을 기울이고 있다.

☞ 과거처럼 깃발로 하는 심판 '승'이 필요할 때도 있다. 5명의 심판 중에 다수의 심판이 '승'을 준 선수가 이길 수 있게 해주어야 한다.

☞ 5심제, 7심제에서 다수의 심판이 "승"을 주면 이기는 '다승제'로 변경하는 방법도 고려해볼 필요가 있다.

☞ 현행 채점기는 무선으로 네트워크인 와이파이를 이용하고 있다. 무선기기의 특성상 네트워크 오류 등으로 인한 채점기의 오류도 발생하고 있다.

☞ 현재 점수차이가 크게 나지 않기 때문에 최고/ 최하 점수를 제외하지 말고

총점수제로 하는 방법도 생각해 볼 필요가 있는 등 다양한 평가방법이 필요하다.

☞ 현재의 최고/최하점수 빼고 3명의 심판의 평균을 가지고 승패를 결정하는 점수 체계에 대하여 논의가 필요하다.

☞ 현행 채점기기는 무선 네트워크를 활용해서 와이파이를 사용하는 기계로 오류도 많이 발생하고 있다.
- 2번 심판이 0.3점 감점을 하였는데 전광판에는 3번 심판이 감점 준거로 표출된 적도 있었다.
- 심판이 0.1점 감점을 하였는데 전광판에는 0.3 감점으로 표출된 적도 있었다.

☞ 자유품새 전광판 표출 시 공인품새처럼 자유품새 채점표와 같게 표출해주면 좋을 것이다.
① 기술력 1~5번심 점수 표출 후 최고/최저 점수 삭제
② 연출력 1~5번심 점수 표출 후 최고/최저 점수 삭제
③ 넘어짐은 총점에서 0.3점 감점 표출
　 필수 서기 동작 안 할 경우 총점에서 0.3 감점 표출
④ 시간 미달 및 초과, 두 발이 경기장 밖으로 나갈 경우 최종점수에서 0.3 감점
- 심판 개별 기술력 만점이 6점이다. 여기서 항목별로 최종 채점을 한다. 이후 넘어짐은 총점에서 0.3점을 감점한다.
- 필수 서기 동작은 총점에서 감점하는 것이다. 각기의 심판이 총점에서 0.3점을 감점한다.
- 최종점수는 심판들이 채점한 점수에서 최고/최하점을 제한 다음 평균의 합이 최종적으로 표출되는 점수이다. 최종점수에서 0.3점을 감점하는 것으로 아주 큰 감점이다.

제16조 (경기 중단사항)

1. 경기 중 경기가 불가항력의 이유로 중단되는 상황이 발생하였을 때는 처음부터 다시 시작하는 것을 원칙으로 한다. (예: 정전, 전산의 오류, 진행자의 실수, 자유품새 시 음악중단 등이 해당한다. 선수가 전광판에 지정된 품새를 잘못 인식하고 다른 품새를 시연하는 경우는 해당하지 않는다.)

☞ 기계적 오류도 간혹 발생한다. 선수가 입장하기 전 경기할 품새가 전광판에 표출되는데 인사하고 나면 품새가 바뀌는 경우도 발생하여 선수들이 처음 본 품새를 하는 경우도 있고 나중에 본 품새를 하는 경우도 있다.
- 이러한 경우에는 재경기를 실시해 주고 있다.

☞ 심판들이 신속하게 채점하다 보면 터치가 잘 안되는 등 다양한 사유로 전광판에 표현력 점수가 만점이 나오는 경우도 있다. 표현력 경기에 만점이 나올수도 있지만, 현실적으로 불가한 사례이니 애초에 2.0 점수가 들어가면 표출이 안 되고 또는 2.0 점수가 들어가면 채점기에서 "2.0 점수를 줄거나" 확인하는 피드백이 제공되면 만점을 주는 사례는 발생치 않을 것이다.

2. 선수가 부상 또는 신체적, 정신적 요인에 의하여 제한 경기 시간(1회 60초를 원칙으로 하며, 의료진의 소견에 따라 시간 연장 가능) 안에 경기를 속개하지 못할 때는 기권처리 한다.

☞ 선수들이 긴장한 상태로 품새를 시연하다 보면 발목 염좌, 무릎, 햄스트링, 종아리 경련 등으로 경기장에서 주저앉는 경우도 있다. 이때는 경기부에서 선수에게 의사를 물어 포기 또는 경기 속개를 알려주어야 한다. 단) 경기가 속개되면 채점을 정확하게 해주어야 한다. (경기 중단 후 동작은 0점 처리)

제17조(심판원)

1. 구성: 위원장, 부위원장, 상임심판원.
   1.1 품새 경기는 5심제 또는 7심제로 구성할 수 있다.
   ※ 5심제: 5명의 심판원을 경기장 상황에 따라 변경 배치할 수 있다.
   ※ 7심제: 7명의 심판원을 경기장 상황에 따라 변경 배치할 수 있다.

☞ 심판은 각자 독자적인 고유의 판정권을 가지고 있다. 심판은 누구에게나 공정하게 판정하여야 하며 이를 남용하거나 오용해서는 안 된다.

☞ 심판은 각 심판석의 위치에 따라 '눈에 보이는 것'만 판정해야 한다.

☞ KTA 심판 입문 나이 상한선 및 정년 규정 신설이 필요하다.
- KTA 심판으로 입문은 만 50세로 상한을 정해 주는 것이 좋다. 50세 이후에 품새 심판 입문은 50세 이후 생리적 변화로 노안, 민첩성, 반응속도 저하로 채점 기계 숙달 및 채점 실기에 지장이 있을 수도 있다.
- 노화가 되면 순발력, 민첩성이 현저하게 떨어지는 것은 당연한 생리적인 현상이다.
- 정년도 65세로 한정하여 주는 것이 좋다.
- 정년이 정해지면 심판들도 자부심을 갖고 명예롭게 퇴진할 수도 있다.

1.2. 대회 성격에 따라 보조심판을 둘 수 있다.

☞ 2021~2022년 전국체육대회에는 시, 도 소속 심판들 교체를 위해 보조심판을 두었고 2022고양 세계 선수권 대회에도 자국 선수가 나오면 교체하기 위해 코트에 보조 심판석을 따로 두고 운영했다.

2. 자격 : 본회에 등록된 심판자격증 소지자로서 해당 연도 품새 경기규칙 강습회 수료와 본 회 상임심판원 교육을 이수하고 시험에 합격한 자.

※ 1급 심판: 태권도 8단 이상, 1급 사범 자격증 소지자.
　※ 2급 심판: 태권도 7단 이상, 2급 사범 자격증 소지자.
　※ 3급 심판: 태권도 6단 이상, 3급 사범 자격증 소지자.

☞ 향후 경기 규칙이 개정되면 심판 연차별 및 급수별로 심판 배정에 묘미를 살려야 한다. 현재처럼 급수의 의미가 없으면 더 이상 노력도 하지 않고 현실에 안주할 가능성이 높기 때문에 급수별로 차등을 주어야 한다.

☞ 급수에 차등이 있는 것처럼 심판경력 + 심판 급수로 배정하면 좋을 것이다. 예) 국가대표 선발전에서 심판배정을 연차(3년 차 이상) + 심판급수 2급이나 1급 이상.

3. 복장 : 심판은 협회가 정한 복장을 착용하여야 하며 경기에 방해되는 물건은 휴대할 수 없다.

☞ 심판들은 채점하러 심판석에 들어가는 순간 경기에 집중, 공정한 판정을 하기 위하여 휴대폰을 심판부 책상 위에 놓고 심판석에 들어간다.

4. 심판의 중대한 오심이 있거나 심판의 불공정한 판정 발생 시 혹은 납득하기 어려운 실수 연발 시 심판위원장은 현장에서 심판 교체를 의장에게 건의하고 경기운영본부에서 최종적으로 결정할 수 있다.

☞ 상임심판원 현장 운영지침에 따라 현장 조치한다.

☞ 품새 대회에서 토너먼트는 두명의 선수가 40~55초 이내에 경기가 종료된다. -두 명의 선수가 품새를 동시에 끝내지 않고 시간차(각기 따로) 있게 진행하면 심판 보는데 상당한 어려움이 뒤따른다.

☞ 선수 및 지도자들은 영상으로 수없이 반복해서 볼 수 있지만, 경기장에 앉아있는 심판은 신이 아닌 이상 간혹 단순하게 0.3점을 감점하지 못할 수도 있다.

☞ 현장 운영 치침에 의거 단순한 오심인지, 편파판정인지 구분하여 조치를 취한다.

☞ 단순한 오심으로 심판이 잘 못 봐서 0.3점 감점을 하나 못해 징계를 받으면 심판 활동하는데 상당한 심리적 제약이 뒤따른다.

☞ 단순한 오심과 편파판정 구분을 잘해야 한다

5. 심판원 위촉은 대진표 작성 후에 한다. (※ 상황에 따라 변동될 수 있다.)

6. 태권도 관련 학과에 팀이 있는 대학에서 품새 관련 과목을 강의 중인 자나 도장에서 선수를 육성하는 지도자는 당해 연도 상임심판으로 선임될 수 없다.

7. 가족 또는 직계존비속이 선수·지도자를 할 경우 심판 배정에서 배제될 수 있다.

제18조 (본 규칙에 명시되지 않은 사태)

1. 경기에 관한 모든 사태는 해당 경기운영본부에서 합의하여 처리한다.
2. 경기운영본부는 경기기록, 보관을 위해 코트마다 비디오카메라를 설치한다.

제19조 (소청 및 상벌)

1. 소청위원회는 다음과 같이 구성한다.
   1.1. 구성: 본 회 상근임원, 경기운영본부로 구성한다.
   1.2. 역할: 대회가 원활하게 진행되도록 하며, 현장 징계위원회 및 일반서면소청 시 소청위원회의 역할을 한다.

1.3. 절차: 본 회 상근임원은 대회 개최일 전에 소청위원장과 위원을 지명하여야 한다.

2. 책임: 경기분과위원장은 소청심의를 통해 판정의 결과를 발표한다. 정정(번복)과 관계자에 대한 징계처분을 임원장에게 요구할 수 있다. 대회기간 중에 소청위원회는 현장 경기운영본부를 겸한다.

3. 소청심의 구분

3.1. 소청은 일반 서면 소청으로 한다.
3.2. 판정에 이의가 있을 때는 경기 종료 후 3분 이내에 경기분과위원회에 소청 의사를 표하고 소청서 발부 후 소청신청서와 소청신청료(현금) 20만 원을 10분 이내에 제출하여야 한다.(소청신청료는 어떠한 경우에도 반환되지 않는다.)

☞ 소청은 시간이 중요하다. 시간에 대해 소청서 발부 후 10분 이내로 명시했다.

☞ 소청료는 오직 현금이다. 현금으로 소청료를 납부하고 소청신청서를 제출하여야 한다. 인터넷뱅킹, 계좌이체 등은 허용되지 않는다.

☞ 간혹 지도자들이 계좌이체로 한다고 하는데 현금이 아니면 소청이 불가하다.

☞ 소청은 절차가 중요하다.
- 대회에서 소청 시간이 경과한 후 소청한다고 경기 운영본부에 와서 계속 왔다 갔다 해서 다른 업무를 하는데 지장을 초래하는 지도자들도 있다. 또한, 소청은 분명히 정확도에 관해서만 소청을 할 수가 있는데 아직도 "우리 선수들보다 저쪽 선수의 옆차기 발차기도 낮았고 힘도 없었다."고 말하며 소청을 제기한다고 한다. 이러한 우를 범하는 지도자가 있으면 안 된다.

3.3. 소청위원회는 사유 내용을 검토한 후 필요에 따라 관련된 심판을 소

환, 청문할 수 있으며, 판정 기록지 또는 경기내용의 영상판독(주관기관 촬영본) 등을 검토 후 토의가 끝나면 소청위원의 무기명 투표에 의해 다수결로 가부를 결정한다.

3.4. 결과의 처리:
※심의 후, 경기분과위원장은 소청심의결과를 발표한다.
※심의결과 소청인의 이의가 가결되면 판정번복에 대한 해당 심판원의 조치사항은 경기운영본부에서 결정한다.

☞상임심판원 현장운영지침을 활용 결정한다.

※대회진행을 방해할 목적 또는 다음 경기에 영향을 미치기 위한 방법으로 소청을 제기했을 시 소청자에 대하여 경기운영본부에서 적절한 징계 사항을 결정한다.

3.5. 소청위원회 의결은 최종적이며 누구도 이의를 제기할 수 없다.

3.6. 소청의 대상은 정확도의 동작, 자세, 순서, 기합에 한다. (소청서 작성 시 2개 동작만 명시)

☞심판원은 항상 본인이 판정한 경기에 대한 책임을 져야 하고, 소청위원회의 결정에 따라 징계를 받는 것도 감수해야 한다. 소청이 기각되었을 때 심판들의 권위와 사기 진작을 위한 대안도 필요하다.

☞지도자나 선수가 판정에 불만을 품고 지도자석에서 서서 항의, 카메라를 가지고 심판들을 사진 찍는 행위, 물통을 발로 차고, 기타 심판들에게 위협을 가하는 행위 등으로 경기를 고의로 지연시키는 일들이 발생하면 안 될 것이다.

☞소청의 대상은 2개 동작만 명시하게 되어있다. 어떤 지도자들은 기록지도 보

여달라고 이의를 제기하는 지도자들도 있다. 엄격한 소청관리가 필요하다.

☞ 코로나 19로 인하여 비대면 경기가 진행되어 유튜브 중계가 되다 보니 심판들의 정확성 채점을 실시간 또는 재생하여 계속 볼 수가 있다. 기계의 오류로 인하여 즉시 채점을 하였지만 채점기에서 빠지지 않는 경우가 간혹 있다. 이럴 때는 "바로" 후에도 채점이 이루어진다. 지도진들은 이의제기를 하는데 현실적으로 기계적 오류도 있다. 또한, 심판은 1점을 감점하는데 표출은 0.3점으로 나오는 경우도 간혹 발생하고 있다.

☞ 심판이 선수들이 경기하는 모습을 보면서 즉시 표출을 해야 하는데 간혹 감점을 눌러도 감점이 되지 않는 경우, 반대로 감점이 너무 많이 되는 경우 등 다양하게 채점기의 오류도 간혹 발생한다. 심판은 경기를 보면서 채점기도 한 번씩 살펴봐야 하는데 살피는 사이 몇 동작이 지나갈 수도 있다. 이러한 어려움이 심판들에게는 많이 뒤따른다.

☞ 품새심판은 8시간을 경기를 진행한다고 하면 맞교대이니 4시간 무려 240분을 집중해서 경기를 지켜봐야 하는 등 심판업무량이 과다하다. 심판들을 위해 일비를 포함한 적절한 보상체계를 강화할 필요가 있다.

| 태권도 품새 심판론 |

V 품새경기 세부 채점 기술 지침

품새 경기는 정적이면서 동적인 움직임이다. 선수들은 많은 사람 앞에서 시연하다 보면 긴장으로 인해 실수하는 등 많은 변수가 발생한다. 선수와 심판의 입장은 선수는 실수를 줄이기 위해 최선을 다해 노력하고 심판들은 실수와 편법을 찾아내고, 실수와 편법을 쓰지 않고 정정당당하게 제 기량을 잘 발휘하는 선수가 승리하게 해주는 사람들이다. 현행 채점 시스템은 심판들은 선수에게 점수를 더해 주는 것이 아니고 만점에서 점수를 빼는 상황이다. 품새 경기 시간이 1분 30초이지만 보통 하나의 품새(25~45개 동작)를 하는 데 걸리는 시간은 30~45초 정도이다. 짧은 찰나의 순간에 승부가 결정되는 것이다. 심판은 공정한 판정을 하기 위해 '매의 눈'으로 찰나의 순간을 놓치지 않기 위해 노력하고 평소 채점 지침을 끊임없이 보고 연구해야 한다.

1. 공인품새

① 품새경기 채점 지침은 심판위원회의 의결을 거쳐 개정된다.

☞ 부록 2022년 품새심판위원회 규정 참조.

② 공인품새 경기의 채점 기준은 다음과 같은 내용으로 분류한다.

1) 정확도
   가. 기본 동작 - (국기원에서 제정한 기본동작)
   나. 품새별 세부 동작 - (품이 아닌 세부적으로 이루어지는 동작)
   다. 균형 - (Balance)

☞ 정확한 동작이 이루어지고 정확한 동작 속에 몸 쓰임이 잘 이루어지는(표현되는)지를 잘 살펴봐야 한다.

2) 표현력
   가. 속도와 힘.
   나. 조화. (강유, 완급, 리듬)

다. 기의 표현. (몸동작 흐름의 표현, 품위, 기합의 표현)
③ 채점은 10점 또는 100점 만점 제로 한다.
④ 각 기준 항목별 점수의 배분은 다음 표와 같다.

〈 평가항목 분류 및 배점표 (10점 제 기준) 〉

배 점	채점항목	세부 기준 항목	배 점
4.0	정확도	기본동작	4.0
		각 품새별 세부동작	
		균 형	
6.0	표현력	속도와 힘	2.0
		조화 (강유, 완급, 리듬)	2.0
		기의 표현	2.0

⑤ 항목별 채점 기준
　-태권도 품새 경기의 채점기준은 정확도와 표현력이 있다.
　-정확도는 기본 동작, 각 품새별 세부 동작, 균형 이렇게 3가지로 분류하고
　-표현력은 속도와 힘, 조화(강유, 완급, 리듬), 기의 표현 이렇게 3가지로 분류한다.

A.**정확도**(正確度)는 바르다, 바로잡다, 갖추어지다를 의미하는 '바를 정(正)'과 군다, 강하다, 확실하다를 의미하는 '군을 확(確)'과 법도, 제도, 기량, 국량을 의미하는 '법도 도(度)'로 계산된 양이 실제 값과 얼마만큼 가까운지를 나타내는 기준을 말한다.

> 정확도(正確度) : 품새 경기에서 정확도의 채점은 국기원이 규정한 태권도 기본동작과 각 품새 동작의 수행기준에 맞는 동작 시행의 여부를 평가한다.

가. 국기원이 규정한 태권도 기본동작과 각 품새 동작의 수행기준에 맞는 동작 시행의 여부를 평가한다.

기본동작		기본기술
		자세+기본동작
지르기	① 지르기	[기본준비] 1. 주춤서 몸통 지르기
막기 치기	② 몸통막기	2. 앞굽이 몸통막기
	③ 바깥치기	3. 옆서기 얼굴 등주먹 바깥치기
	④ 아래막기	4. 앞굽이 아래막기
	⑤ 얼굴막기	5. 뒷굽이 얼굴막기
차기	⑥ 앞차기	[겨루기준비] 6. 앞차기
	⑦ 돌려차기	7. 돌려차기
	⑧ 옆차기 ⑨ 뒤차기	8. 옆차기 9. 뒤차기
	⑩ 뒤후려차기	10. 뒤후려차기
	⑪ 내려차기	11. 내려차기

나. 균형(均衡)은 고르다, 평평하게 하다, 조화를 이루다, 같다를 의미하는 '고를 균(均)'과 저울대, 달다, 저울질하다를 의미하는 '저울대 형(衡)'으로 어느 한쪽으로 기울거나 치우치지 아니하고 고른 상태 또는 좌우대칭으로 배치되어 생기는 중력적인 균형을 말한다.

▶품새 경기 채점에서는 개별 동작 수행 과정과 동작과 동작 간의 연결과정에서 나타나는 중심이동의 안정성, 자세의 균형을 평가한다. 또한, 기술 동작을 통하여 목표점에 힘을 발출하는 과정에서 중심을 잃지 않으면서 체중을 실어 동작을 수행하는 능력도 평가한다.

▶난이도 높은 동작을 수행하면서 그 과정과 수행 직후에 중심을 잃지 않는 것 평가.

☞동작을 연결하면서 중심을 잃지 않는 것이 가장 중요하다.

B. 표현력

표현력(表現力):품새 경기에서 표현력은 각 품새가 갖는 고유의 의미와 기법의 특징과 동작의 연결 및 공격과 방어의 특성을 표현하는 능력을 평가한다.

가. 속도와 힘 : 품새에서 속도와 힘은 하체의 견고함과 중심축을 활용한 탄력적인 몸놀림에 의해 표현되어야 한다. 동작은 부드럽게 시작하여 강하게 마무리하고 멈춤 없이 이어져야 한다.

☞ 지르기와 차기 등 공격기술에 요구되는 속도와 막기에서 요구되는 속도는 그 특성이 다르며, 특수한 동작에서는 의도적으로 느린 속도의 수행이 중요시되기도 한다. 따라서 각 동작이 갖는 속도에 대한 요구와 특성을 표현하는 것이 평가의 기준이다.

☞ 방어동작은 부드럽게 시작하여 적절한 가속력에 의하여 가속이 표현되는 것이 좋은 표현이다.
  예)강→강 표현보다 약→중→강 중간과정을 거치는 것이 좋은 표현이다.
  1→3보다는 1→2→3 중간과정을 거치는 것이 좋은 표현이다.

☞ 공격은 빠르고 강하게 표현한다.

☞ 속도는 품과 품 사이의 속도를 빨리하는 것이 아니라 세부 동작 별로 동작의 속도를 말하는 것이다.
- 동작이 완성되지 않고 다음 동작을 수행하는 것은 바람직한 표현이 아니다.
- 태극 7장에서 내려막기를 연속으로 하는데 동작이 완성되지 않고 바로 하는 것은 바람직한 표현이 아니다.
- 금강 품새에서 바탕손 턱치기 동작에서 치는 동작이 완성되지 않고 무조건 빨리 앞으로 나오는 행위는 바람직한 표현이 아니며 몸통막기 속도와 같게 해야 좋은 표현이다.

나. 조화(강유, 완급, 리듬) : 품새에서 조화란 기술의 특징이 강유 완급

과 리듬에 의해 자연스럽게 표현되는 것을 의미한다.
- 강유 : 유는 예비동작에서 중심축과 몸이 함께 움직여 힘과 기운을 응축하는 몸의 순응 상태를 말하며, 강은 동작과 호흡, 의식 등이 일치되어 기운과 기세가 발현됨을 의미한다.
- 완급 : 완급은 동작과 동작 간의 연결과 품새 전반의 흐름을 조절하는 것을 의미한다.
- 리듬 : 리듬이란 강유와 완급의 흐름을 뜻하는 것으로 각 품새의 특성에 따라 동작의 빠름과 느림이 원활하게 진행되는 것을 의미한다.

☞ 품새에서는 완/급이 필요하다. 동작과 동작 간의 연결이 중요한 요소이며, 품새 시연 시 강유, 완급의 리듬을 잘 표현해야 한다.

☞ 각 품새가 가진 고유의 특성에 맞게 빠름과 느림이 원활하게 진행되어야 한다.

다. 기의 표현 : 동작의 크기, 집중, 기백, 절도, 자신감 등 기의 숙달에서 나타나는 품격과 위엄 있는 동작의 표현 정도를 의미한다. 선수의 체형과 특성에 맞게 품새 동작 전체에 걸쳐 나타나는 시선, 기합, 태도, 복장, 당당함 등이 평가항목이다.

☞ 경기장에서 보면 시선을 45도 정도 바닥을 보는 선수들이 있다. 이러한 시선 처리는 기의 표현에서 좋은 점수를 받을 수 없다.

☞ 도복을 입은 모습부터 포함해서 경기장 걸어서 나올 때 당당한 모습 등 기백은 중요한 기의 표현 채점 요소이다.

☞ 기합도 작은 소리와 굵고 짧게 강하게 내는 소리는 기의 표현에서 차이가 있다.

☞ 기합을 동작이 완성될 때 넣지 않고 늦게 넣는 경우는 좋은 표현이 아니다.

☞ 도복의 단정한 모습과 용모단정도 기의 표현 채점 요소 중 하나이다.
-도복의 청결한 상태, 몸에 꼭 맞게 입는 상태 등

⑥ **항목별 채점 방법**

A. 정확도

기본동작이나 각 품새별 세부동작 및 균형에 작은 실수가 있을 때마다 0.1 감점사항을 적용한다.

1) 0.1 감점(작은 실수)
　가) 동작의 시작이나 중간과정이 잘못되었을 경우.

☞ 통밀기 준비서기를 해야 하는데 기본준비서기를 하다가 멈추지 않고 올라가서 통밀기 한 경우

☞ 막기 동작에서 손끝이나 주먹이 인중 앞을 지나가지 않은 경우

☞ 손날 내려막기를 해야 하는데 예비 동작을 하지 않고 막는 경우

☞ 뒤축으로 회전할 경우

☞ '바로'에서 앞축이 돌면 종료점 박스 아웃(out)이 되는데 뒤축이 돌아서 박스 인(in) 으로 되는 경우 등

　나) 이중 동작을 하였을 경우
　　(1) 축이 되는 발이 몸의 중심이동 없이 먼저 움직이는 것.

☞ 발차기 시 앞의 발이 먼저 이동하고 발차기하는 경우

☞ 이동 시 앞발을 먼저 움직이면서 이동하는 것

(2) 서기 동작과 손동작이 일치되지 않을 경우

☞ 막기, 치기 시 서기 동작과 손동작이 동시에 이루어지지 않는 경우

☞ 옆차기 후 표적치기 시 연속으로 하면 중심도 잃고 큰 실수가 나오니 선수들이 발 먼저 떨어지고 표적을 치는 경우

다) 사용 부위의 표현이 적절하지 않았을 경우
  (1) 주먹이나 손날의 손목이 굽혀지거나 젖혀졌을 때(특수동작 예외)
  (2) 손을 펴서 하는 손동작의 경우 손가락이 벌어지는 것
  (3) 차기 시 앞축이나 발날 표현이 부족할 때

☞ 앞차기는 앞축의 표현이 잘 이루어 져야 하고, 옆차기는 발날이나 발뒤꿈치 표현이 잘 이루어져야 한다.

☞ 앞차기 시 발목이 꺾여서 올라가는 경우

라) 목표점을 벗어났을 경우

☞ 목표점을 작게 벗어날 경우는 작은 실수로 0.1점 감점

☞ 발차기 목표는 얼굴인데 확연하게 돌려차기를 몸통을 차는 경우는 큰 실수로 0.3 감점 예) 표적차기, 표적지르기 시 등

마) 적절한 서기의 표현이 되지 않았을 경우

☞ 앞굽이 서기에서 발 내각 30도, 발 사이의 간격이 틀릴 때(너무 좁거나 많이 벌어진 경우) 뒷다리가 굽었을 때

☞ 뒷굽이 서기에서 발을 당겼을 때 일직선이 안 될 때

☞ 주춤서기 시 발끝이 벌어질 때, 발의 폭이 너무 넓을 때, 폭이 지나치게 좁을 때

☞ 각 서기 동작에서 규정하고 있는 보폭이나 너비가 다를 경우

☞ 품새선을 벗어날 경우 선수들이 종료점에 들어가기 위해 뒷굽이 보폭을 지나치게 좁게 할 때, 사선으로 종료점에 들어갈 때 등

바) 과도한 예비 동작을 하였을 경우

☞ 안 막기 시 팔목이 머리 위로 올라갈 경우 등

☞ 손날 거들어 바깥 막기 시 예비동작으로 손을(팔꿈치) 다 펴서 하는 경우 등

☞ 작용과 반작용의 원리로 예비동작으로 반대편 팔을 내는 경우가 있는데 지나치게 많이 뻗을 경우
- 주먹지르기 할 때 반대편 손을 많이 펼 경우
- 태백에서 앞차고 몸통 지르기 할 때 반대편 주먹을 많이 펴는 경우 등

사) 동작을 수행하면서 그 과정이나 수행 직후에 중심을 잃었을 경우

☞ 학다리 서기 시 중심 잃을 경우, 옆차기 찬 후 중심 잃었을 경우 등

☞ 짓딛기 동작에서 중심을 잃은 경우, 꼬아서기에서 동작 완성후 중심을 잃었을 경우

아) 앞차기 시 머리를 과도하게 뒤로 젖히는 경우

2) 0.3점 감점(큰 실수)

기본동작이나 각 품새별 세부 동작 및 균형에 큰 실수가 있을 때마다 0.3 감점 사항을 적용한다.

가)품새의 규정에 없는 동작을 하였거나 규정 동작을 하지 않았을 경우

☞ 품새 종료 후 '바로'에서 당기는 발이 품새별로 틀리는데 규정대로 하지 않을 경우

☞ 품새 종료 후 '바로'에서 한발을 당기면 박스 아웃될 상황에서 지지발을 먼저 박스 안으로 이동 한 후 반대 발을 당기는 경우(양발이 움직임)

☞ 거듭 옆차기 시 첫 번째 한발만 차고 두 번째 옆차기를 차지 않을 경우

☞ 앞차기 시 무릎만 올리고 발차기를 차지 않는 경우

☞ 앞굽이 동작 시 앞으로 나가면서 한 발을 내딛고 앞굽이를 하는 경우

☞ 태백 품새 가위막기나 몸통막고 두번지르기 시 손이(반대지르기 바로지르기) 바뀌었을 경우

☞ 지태 품새 손날 거들어 바깥막기(몸통과 아래) 순서가 바뀔 경우

☞ 지태 품새 손날 거들어 바깥막기 후 몸통막기에서 한 동작을 안 할 경우

☞ 지태 품새 앞차고 주먹지르기 시 주먹 지르는 손이 바뀔 경우

☞ 천권 품새 안팔목 거들어 바깥막기를 내려막기로 하는 경우

☞ 태극8장 손날 바깥 막기를 주먹으로 바깥막기 할 경우

☞ 거듭옆차기 시 첫발을 안 차고 이중발처럼 옆차기만 찰 경우

나) 시선이 잘못되었을 경우(진행 방향을 보지 않는 경우)

☞ 평원 옆차기시 발을 높이 올리려고 시선을 밑으로 보고 발을 차는 경우

☞ 앞차기 시 눈을 과도하게(흰자가 다 보일 정도) 위를 올려다보는 경우

☞ 시선 아주 중요하다. 시선은 품새에 맞게 진행 방향을 봐야 한다. 하지만 아직도 종종 고려품새에서 왼팔꿈치 거들어 옆치기 동작에서 시선이 옆치기를 봐야 하는데 정면을 보는 선수들도 있다. (0.3 감점사항이 적용된다.)

다) 경기 중 동작을 3초 이상 일시 정지하였을 경우

☞ 태극8장 당겨 턱지르기에서 턱지르기(8초 정도)를 너무 빨리해서 3초 정도 정지하는 경우

☞ 금강품새 학다리서기 금강막기에서 너무 빨리해서 마지막에 3초 정지 혹은 금강막기 처음 단계에서 중심 잡기 위해 고의로 3초 이상 정지할 경우

☞ 그 밖에 3초 이상 동작 정지 상황

라) 일시 정지 후 처음부터 다시 하는 경우(0.6점 감점) 1 by 1, 컷오프 경기 시 적용

☞ 컷오프 및 1 by 1만 적용, 다른 경기는 빠트린 동작 수 × 감점.

☞ 향후 경기규칙 개정 시 일관성 있는 경기규칙 적용으로 삭제가 필요함. 모

든 품새에서 틀리면 틀린 개수 만큼 감점하는 것이 좋을 듯함. 컷오프, 1 by 1, 토너먼트 경기규칙 일원화가 필요함.

마) 경기 중 두 발이 경기장을 벗어났을 경우

☞ 한발이 경기장 벗어날 경우 0.1 감점, 두 발이 경기장에 걸쳐 있을 경우는 감점 적용이 없다.

바) 기합을 넣지 않았거나 다른 동작에서 기합을 넣었을 경우

☞ 태극 6장에서 기합 순서가 바뀌는 경우도 있었고, 십진 품새에서 한쪽에 기합 안 넣는 경우도 종종 발생한다.

사) 큰 실수로 인정되었을 경우 (예: 두 발이 모두 품새선에서 벗어나거나 한발이 두 발길이 이상 벗어나는 경우, 두 발을 모두 뛰어 딛는 경우, 두 발 모두 옮겨 딛는 경우 등)

☞ 학다리서기에서 옆차기 발차기 후 지지발이 점프하는 경우

☞ 옆차기 찬 후 한발이 먼저 떨어지고 다음 발이 떨어진 상태에서 두 발이 모두 움직인 경우 (일명 따당)

☞ 모아서기에서 모아서지 않고 양발이 한발 길이 이상 떨어질 경우
  예) 서기의 형태가 완전히 바뀐 경우

☞ 심판은 절대로 예단해서 보면 안 된다. 선수가 옆차기 차면서 중심을 잃었으니 '품새선을 벗어날 거다'고 예단 절대 하면 안 되고 '눈에 보이는 데로' 보고 감점을 한다.

☞ 금강품새 산틀막기에서 양발이 모두 점프하는 경우

☞ 옆차기 찬 후 한발이 먼저 떨어지고 앞발을 당겼을때 품새선에서 두 발이 벗어날 경우는 큰 실수로 0.3 감점

아) 복합동작의 경우 과정을 충족시키지 않았을 경우(바트린 동작 수 × -0.3점을 감점)

자) 발바닥 이외에 신체 일부분이 바닥에 닿을 경우

☞ 뒷굽이 동작을 완성 후 선수가 완성된 동작이 뒷굽이가 안 되니 앞에 발을 들어서 옮기는 경우 (앞발을 두 번 움직임)

☞ 앞굽이 동작에서 나가는 발을 한번 바닥에 찍고 다시 나가서 앞굽이 완성

☞ 태극 5장 꼬아서기 동작에서 중심을 잃어 꼬아서기 한발이 뒤로 나와서 바닥을 찍고 다시 꼬아서기로 가는 경우

차) 시작점과 종료점이 한 발 이상 차이 난 경우 감점(1×1m 벗어난 경우) 예시)한발만 벗어날 경우 0.1 감점, 양발이 벗어날 경우 0.3점, 선에 양발이 걸쳐있는 경우는 감점 처리하지 않는다. 시작점으로 들어가기 위하여 발의 이동이 과도할 경우, 단, 금강, 지태는 적용하지 않는다.

☞ 금강 품새 시연 중 품새가 종료되었을 때 시작점(1×1m)에서 과도하게 벗어날 경우(예:시작점 매트에서 매트 하나(1m×1m)를 더 지나 서거나)완전하게 제자리로 들어올 경우에 대하여 토론이 필요함.

☞ 시작점에 쉽게 들어오기 위해서 일부 선수들이 8장, 십진 품새 경기 시 박스 안 시작 표시에서 한발 앞으로, 평원은 뒤로 가는데 정중앙 표시에서 두 발이 벗어나면 심판들이 다시 정 위치를 시키고 있다.

☞ 평원은 종료점에 양발이 앞으로 벗어날 경우 확인이 불가하여 심판이 직접 가서 보고 판단하는데 선수들은 기록원의 "쉬어" 말이 있기 전까지는 절대 움직이면 안 된다.

☞ 모든 품새에서 종료점이 육안으로 보이지 않으면 1번 심판은 기록원에게 잠시 대기 시킨 후 5번 심판원이 신속하게 박스 쪽으로 이동 후 확인, 수신호로 IN. OUT을 표출하고 있다.

☞ 복식, 단체전은 시작, 종료점이 표기 되지 않고 있다. 의외로 복식이나 단체전에서 종료점에 들어가지 못하는 선수들이 간혹 있다. 지금 경기 운영 방식으로는 시작이나 종료점에 들어가는지는 알 수가 없다. 경기 운영의 묘미를 살려서 복식, 단체전 경기 시 시작, 종료점 자리를 지정해주는 등 더 자세한 규정이 필요하다.

☞ 단체. 복식전의 선수위치는 팀 고유의 표현력이다. 선수들이 팀을 잘 표현하기 위해 정삼각형 혹은 역삼각형으로 서서 품새를 시연하는 경우가 많다. 이러한 점을 고려하여 좋은 시작점 표현 방법을 찾으면 좋을 것이다.

카) 학다리서기 시 지지하고 있는 발 이외에 신체 일부가 바닥에 닿을 때마다 0.3점 감점
  예시) 디딤발이 한발 이상 옮겨지지 않은 경우 0.1점 감점, 균형을 잡았다가 다시 흔들리면 0.1 추가감점, 점프를 하였을 경우 0.3점 감점.

☞ 붙이는 발이 많이 떨어졌다가 붙여도 0.1점 감점

☞ 디딤발이 한발 이상 옮겨지는 경우는 0.3 감점

B. 표현력

표현력 채점은 3개 항목에 대하여 6.0 만점에서 채점한다.
1) 팔 동작의 공격과 방어에서 팔꿈치가 아래를 향하게 하여 어깨가 들리지 않게 하며 가슴을 편하게 만드는 표현.
2) 중심축을 활용한 탄력적인 몸놀림에 의한 속도의 표현.
3) 중심축과 팔, 다리가 유기적인 움직임으로 공격과 방어가 이뤄진 표현.
4) 중심축의 회전과 동작의 크기가 있어야 바람직한 표현.
5) 딛기와 돌기를 할 때 중심의 이동이 중심축으로 자연스럽게 이동이 되어 허리를 사용한 무리없는 딛기와 돌기가 된 표현.
6) 동작 및 동작과 동작의 연결은 강유, 완급에 의해 연결되어야 하며 각 품새의 특성에 맞는 연결이 되어야 하고 동작은 끊임이 없이 연결된 표현.
7) 공격동작은 시작점에서부터 빠르게 표현되어야 하며, 방어동작은 가속을 이용하여 서기동작과 손동작이 일치되게 표현되어야 한다. (특수동작 예외)

☞ 표현력의 채점 중점 ① 동작 일치 ② 중심이동 ③ 허리 쓰임이다.

☞ 품새의 모든 높이는 주춤 서기 형태의 높이이며 이동 시 높이의 변화가 없어야 한다.

☞ 옆차기 시 세운주먹, 손바닥으로 지지발 골반(고관절)을 미는 행위는 정확성에서 0.1 감점 및 표현력에서도 저점을 준다.

☞ 반대편 주먹을 장골능에 위치시키면서 과도하게 배를 치는 행위 표현력 저점.

☞ 콧소리, 입으로 바람 소리를 내는 경우 표현력 저점

☞ 발을 과도하게 쿵쿵 굴리는 소리를 내는 경우 표현력 저점을 준다.

☞ 머리를 흔들면서(털면서) 품새를 시연할 경우 표현적 저점을 준다.
　예) 동작이 완성되는데 머리를 과도하게 흔들 경우

☞ 복식, 단체전에서 발차기 높이가 같은 것이 좋은 표현이며 한 몸인 것처럼 일치되게 표현하는 것이 좋은 표현방법이다.

2. 자유품새

자유품새란 태권도 기술을 바탕으로 안무와 음악과 함께 어우러진 품새를 말한다.

① 자유품새 구성
  1. 연무선: 참가선수가 자유로이 구성. (기술발차기 순서는 배점표에 표기된 순서대로 해야 한다) ☞ 가장 중요하다.
  2. 음악 및 안무: 참가선수가 자유로이 구성.
  3. 태권도 기술이라 볼 수 없는 기술은 감점 대상이며 모든 발차기는 허리 이상 차는 것을 원칙으로 한다. 단, 무릎을 접었다가 펴야 한다. (범서기, 학다리서기, 뒷굽이 동작은 순서와 관계없이 의무적으로 연무선 속에 모두 넣어야 한다.)

☞ 태권도 다운 기술이 아닌 것은 감점요인이다. 지도자들이 알고 있는 익스트림, 또는 퍼포먼스로 체조 동작을 많이 해야 좋은 성적을 받는다고 알고 있는 사실은 사실이 아니다. 다양한 퍼포먼스도 좋지만, 태권도 다운 기술 동작이 잘 표현되어야 한다..

② 자유품새 채점 기준
  1. 기술력(6.0)
    가. 발차기 난이도
    나. 동작의 정확도
    다. 품새의 완성도

  2. 연출력(4.0)
    가. 창의성
    나. 조화
    다. 기의 표현
    라. 음악 및 안무

③ 자유 품새 배점표

채점항목	세부 기준 항목		점수
기술력(6.0)	발차기 난이도(5.0)	① 뛰어 옆차기(뛴 높이)	1.0
		② 뛰어 앞차기(발차기 수)	1.0
		③ 회전 발차기(회전각)	1.0
		④ 연속 발차기	1.0
		⑤ 아크로바틱 동작	1.0
	동작의 정확도 및 품새의 완성도		1.0
연출력(4.0)	창의성		4.0
	조화		
	기의 표현		
	음악 및 안무		
최대점수(10.00)			10.0

④ 자유품새 채점 방법

1. 기술력

가. 발차기 난이도 : 배당된 점수 종합 최소 0점부터 최대 5.0점까지 점수를 부여한다.

※발차기 난이도 중 순서를 바꿔 차는 경우 그 항목에서 0.3점을 감점한다.

☞ 발바닥 이외의 신체가 바닥에 닿는 경우 기술력 총점 6.0에서 0.3점을 감점한다.

☞ 기술력 부분에서 발차기는 발차기 찬 후 바닥에 떨어지는 착지 동작까지이다.

☞ 회전발차기나 기술력 부분에서 동작 시행 후 넘어질 경우는 넘어지기 전까지 동작에 대한 채점을 한 후 넘어짐 0.3을 감점한다.

☞ 선수들의 키를 기준으로 몸통, 어깨, 머리 높이로 구분하여 채점을 실시한다.

☞ 단체전, 복식전 뛰어 옆차기는 전원이 시연해야 하며 다른 기술력은 팀원 중 한 명만 시연하면 된다.

가. 뛰어 옆차기: 제자리 뛰기 및 도움 뛰기의 높이와 옆차기의 완성도에 따라 점수를 부여한다. 개인, 복식, 단체전 뛰어 옆차기는 모든 선수가 시연해야 한다. (도움닫기 발차기 시, 도움발이 차는 다리에 붙어야 한다.)

☞ 옆차기 시 발날이나 뒤축 표현이 잘되는지, 힘의 전달이 제대로 이루어지는지 아닌지를 파악하여 차등 점수를 부여한다.

☞ 옆차기를 파워풀(powerful)하게 차는지 아닌지에 따라 점수 차등부여.

☞ 붙이는 발의 높이, 차는 다리에 발이 붙는지 아닌지를 확인 후 점수 차등 부여.

☞ 시선, 발의 모양, 손의 위치도 확인하여 점수 차등 부여한다.

☞ 저자들이 생각하는 뛰어 옆차기 기술 배점표

뛰어 옆차기 정확성 및 발차기 난이도 배점기준 (붙이는 발 기준)		
점 수	단 계	감 점 사 항
1.0 ~ 0.9	머리 이상의 높이	각 동작의 과정 중 -착지 동작 시 불안정한 경우 0.1 -착지 과정 중 발바닥 이외의 부 부위가 지면에 닿을 시 기술력 최종점수에서 0.3 감점
0.7 ~ 0.8	얼굴 높이	
0.5 ~ 0.6	가슴선(명치) 높이	
0.3 ~ 0.4	가슴선(명치) 이하 높이	
0.1 ~ 0.2	도복띠 이하의 높이	

나. 뛰어 찬 발차기 수(앞차기) : 한번 체공 시 찬 발차기횟수를 말하며 발차기횟수와 정확도에 따라 점수를 부여한다. (허리 이상 차는 것을 원칙으로 한다.)

☞ 허리 이상을 권장하고 있지만 육안으로 보기에 확연하게 허리 아래가 아닌 경우는 0점 처리하지 않고 저점 처리한다.

☞ 발차기가 일명 오리발 형태가 아니고 무릎이 80% 이상 펴지면서 차는 것.

☞ 저자들이 생각하는 뛰어 앞차기 기술 배점표

점 수	단 계	감 점 사 항
1.0~0.9	머리 이상의 높이 5단 차기 이상	각 동작의 과정 중 -착지 동작 시 불안정한 경우 0.1 -착지 과정 중 발바닥 이외의 부 부위가 지면에 닿을 시 기술력 최종점수에서 0.3 감점
0.7~0.8	얼굴 높이 4~5단 차기	
0.5~0.6	가슴선(명치)의 높이 4~5단 차기	
0.3~0.4	가슴선(명치) 이하 높이 3~4단 차기	
0.1~0.2	도복띠 이하의 높이 3~4단 차기	

뛰어 앞차기 정확성 및 발차기 난이도 배점기준

다. 회전발차기(회전각) : 뛰어 찬 발차기의 회전각을 말하며 회전각과 (예, 360도, 540도, 720도, 900도 이상 등)발차기의 정확도에 따라 점수를 부여한다.

☞ 900도 회전발차기 후 넘어질 경우, 발차기 점수는 발차기 점수 차등 부여 후, 발바닥 이외의 신체가 바닥에 닿은 경우로 기술력 총점에서 0.3 감점 처리한다.

☞ 같은 900도 발차기 높이가 허리(도복 띠) 이하, 몸통, 얼굴 차는 높이에 따라 점수를 차등해서 부여한다.

☞ 회전발차기는 회전을 시작하는 디딤발을 기준으로 그 방향에서 발이 종료 되어야 한다.
- 선수들이 대부분 대각선으로 시작하는 경우가 많은데 심판들은 지지발과 발끝을 잘 살펴보고 점수를 부여한다.
- 제자리에서 회전하여 차는 동작이 고난도 동작이며, 발을 회전하면서 이동

하는 발차기는 제자리에서 회전 차기보다 높은 점수를 받을 수 없다.

☞ 180도 발차기는 후려차기, 360도 발차기는 돌려차기, 540도 발차기는 후려차기 720도 발차기는 돌려차기, 900도 발차기는 후려차기, 1,080도 발차기는 돌려차기 형태로 끝난다.

☞ 저자들이 생각하는 회전발차기 기술 배점표

회전발차기 정확성 및 발차기 난이도 배점기준		
점 수	단 계	감 점 사 항
0.7~1.0	1,080도 이상의 얼굴높이의 기준	−기준점에서 발차기 높이가 낮은 경우 0.1 하향조절하여 점수 부여 −착지 동작 시 불안정한 경우 0.1 착지 과정 중 발바닥 이외의 부위가 지면에 닿을 시 기술력 최종점수에서 0.3 감점
0.5~0.8	900도 이상의 얼굴 높이 기준	^
0.4~0.6	720도 이상의 얼굴높이 기준	^
0.3~0.5	540도 이상 얼굴높이 기준	^
0.1~0.2	360도 이상 얼굴높이 기준	^

라. 연속발차기는 겨루기형태로 스텝과 발차기의 난이도와 정확도에 따라 점수를 부여한다. 이때 최대 연속 발차기와 스텝 수는 3~5회 이내로 제한한다. (단, 단순 발차기는 제외한다)

☞ 연속발차기 시 발놀림 3~5회, 공방의 발차기 수는 3~5회 이내이며 겨루기에 잘 활용될 수 있는지를 평가한다.

☞ 연속발차기 시 발바닥 전체가 지면에 닿아서 발차기하는 경우 저점으로 처리한다.

☞ 발차기 스텝 수가 5회를 넘는 선수도 간혹 보이고 있고 또한 공방의 발차기가 5회를 많이 넘어 8~9회까지 차는 선수들도 간혹 있다.

☞ 뒤차기를 차는데 시선이 발을 보지 않고 정면을 보고 차는 경우가 많은데 시선이 가지 않기 때문에 저점 처리한다.

☞ 페어나 단체전에서 의무적으로 한사람이 시연.

☞ 겨루기 스텝수 또는 발차기 횟수가 초과 또는 미달 시 0.1점 감점한다.
  - 나래차기는 발차기 1번으로 인정한다.

☞ 저자들이 생각하는 연속발차기 기술 배점표

연속발차기 정확성 및 발차기 난이도 배점기준		
점 수	단 계	감 점 사 항
1.0~0.7	겨루기 고난이도 연속발차기	-연속형태가 아닌 좌우로 찍어서 차는 경우 0.1 감점
0.7~0.8	겨루기 중급 난이도 연속발차기	
0.5~0.6	겨루기 초급난이도 연속발차기	

마. 아크로바틱 동작: 체조 경기 등에서 사용되는 모든 아크로바틱 동작을 말하며 난이도에 따라 점수를 부여한다. (아크로바틱 동작은 발차기가 포함된 형태. 단, 무릎을 접어서 차는 동작만 인정한다.)

☞ 무릎을 접어서 차는 동작만 인정하는데 여자 선수들 경우 일명 석고하는 선수들이 있는데 0점 처리하지 않고 저점 처리한다.

☞ 아크로바틱 동작은 난이도가 높은 동작을 할수록 높은 점수 반영

☞ 아크로바틱이나 익스트림 퍼포먼스 종료 후 중심을 잃어 손을 바닥에 짚고 다른 동작으로 연결하는 행동, 실제로 이어지는 퍼포먼스인지 구분을 잘해야 한다.

☞ 저자들이 생각하는 아크로바틱 기술 배점표

아크로바틱의 정확성 및 난이도 배점기준		
점 수	단 계	감 점 사 항

1.0	도약하여 뒤공중 7번 이상 발차기	각 동작의 과정 중 -착지 동작 시 불안정한 경우 0.1 -착지과정 중 발바닥 이외의 부부위가 지면에 닿을 시 연출력 최종점수에서 0.3 감점
0.8~0.9	도약하여 뒤 공중 6번 발차기	
0.6~0.7	도약하여 뒤공중 4~5번 발차기	
0.3~0.4	도약하여 2~3번 발차기	
0.1~0.2	도약하여 옆돌려차기 (일명 석고)제자리 아크로바틱 동작	

2. 동작의 정확도 및 품새의 완성도
▶ 태권도 기본 동작과 지정 기술동작의 정확도를 말하며 최소 0점부터 1.0까지 점수를 부여한다.

☞ 5가지의 지정 기술동작의 정확도와 태권도 기본동작의 정확도를 평가한다.

▶ 자유품새 전반 동작의 실용성과 공방 간의 연결성의 완성도를 이루는지를 평가한다.

3. 연출력 : 창작한 품새의 전반을 보고 최소 0점부터 최대 4.0점까지 점수를 부여한다.
   가. 창의성 : 수행 품새 전반의 동작과 독창성 및 품새 구성에 대한 점수를 부여한다.
   나. 조화 : 수행 품새 전반과 그 외 요소(음악, 안무 등)와의 조화에 따라 점수를 부여한다. 단체전 및 복식은 팀 구성원 간의 조화(예, 일치성)도 평가한다.

☞ 자유품새의 규정된 시간에 쫓기다 보니 음악이 종료되지 않았는데 음악을 강제로 자르기 하여 종료하는 경우도 있다.

   다. 기의 표현 : 공인 품새 기의 표현 채점방법 항목을 참고하며 이에 따라 점수를 부여한다.
   라. 음악 및 안무 : 수행 품새의 전반을 보고 음악과 안무가 얼마나 잘

어우러졌는지를 보고 이에 따라 점수를 부여한다.

☞ 자유품새는 지정기술동작의 난이도, 정확도, 잘 표현하는지 여부, 음악과의 조화 및 연출력 등 다양한 요소들이 채점기준이다. 하지만 일부 지도자들은 퍼포먼스에서 익스트림을 많이하면(회전을 많이 한다든지 새로운 익스트림 기술 등)점수가 높다고 생각하는데 자유품새 배점은 규칙에 따라 태권도 동작, 연출력, 기술력이 평가 요소이다. 많은 선수들이 우수(우승)한 선수의 유튜브 영상을 보고 따라 하다 보니 생기는 현상이다.

4. 경기 중 벌점 사항
   가. 경기 시간(90~100초)을 미달 또는 초과 시 최종 점수에서 기록원은 0.3점을 감한다.
   나. 경기장지역 경계선을 두 발이 넘을 경우 최종 점수에서 기록원은 0.3점을 감한다.

※경기지역 경계선에 한 발이 밖으로 나가 있고 한 발(안에 있는)이 들릴 경우

☞ 아크로바틱 도움닫기 시 한발이 경기지역 경계선에 나가 있고 다른 발이 들린 경우 등

   다. 경기 중 범서기, 뒷굽이, 학다리서기를 시연하지 않았을 경우 각 서기당 심판 개인 총점에서 0.3점 감점한다. (완벽한 표현이 아니더라도 동작의 연결과정 중 하나로 표현해도 인정된다)

☞ 필수 서기 동작을 하지 않았을 경우 총점에서 0.3점씩 감점한다.

   라. 경기 중 발바닥 이외의 신체가 바닥에 닿은 경우 심판 개인 총점에서 0.3점을 감점한다.

※부상 및 음악 문제로 경기가 중단 시, 상황 발생 직전까지 점수를 채점하여

표출한다.

☞ 현행 자유품새에서 경기 시간, 경기지역(경계선) 두 발이 넘을 경우는 최종 점수에서 0.3점을 감점하는 것으로 기록석에서 점수를 제한다.

☞ 경기장에서 두 발이 나갈 경우 빠르게 이어지는 동작으로 한발이 밖에 닿고 다른 발이 들리는 경우, 또는 들려서 경계선 밖에 닿는 경우 명확하게 구분이 어려운 경우에는 선수들 보호 차원에서 채점 종료 후 경기 진행 시키지 않고 영상분석 (심판위원장, 심판부위원장) 후 판정하는 것이 좋은 방법이다.
  예)경기장에서 발생 4:1로 나가지 않았다고 하여 민주주의와 다수결 판정 제도를 인용하여 4를 기준으로 판정하였으나 영상판독 후 1이 맞는 것으로 나타남. 선수들에게 피해가 가지 않게 하기 위해선 영상 분석 시스템이 필요하다.

☞ 현행 채점 상 아크로바틱하기 전 도움닫기 위해 한발이 경기장 밖에 나가 있고 뛰면서 발을 들 때는 경기장 밖이 아닌 걸로 판단해 감점을 적용하고 있지는 않지만, 세계연맹에서는 경기장 밖으로 발이 나간 걸로 0.3 감점을 적용하고 있다. 2023년도 경기규칙은 세계연맹과 같이 0.3점 감점을 적용한다.

☞ 현행 자유품새 경기는 한 코트에서 진행을 하고 있다. 한 코트의 경기가 종료되어야지만 다음 코트에서 경기를 진행할 수 있다.
- 경기 운영적인 측면에서 보면 너무 많은 인력이 집중되고 낭비된다.
- 자유품새를 공인 품새처럼 전 코트에서 시연할 수 있는 방안을 찾아야 한다.
- 메인코트에서는 기존과 같이 음향을 틀어서 경기를 진행하고 나머지 코트는 선수와 심판, 기록원들에게 이어폰(아이팟 등)을 착용하여 경기를 진행하게 되면 동시에 3~4코트 경기도 이루어질 거라 생각된다.
- 공인품새처럼 전 코트에서 경기가 진행되면 컷오프가 아닌 토너먼트 1 by 1 으로도 경기를 치룰 수가 있다.

필자들은 자유품새 규정 이렇게 바뀌었으면 한다.

☞ 자유품새 시연 시 3초 이상 일시 정지 시 감점 여부.

☞ 연결발차기 : 스텝수 3~5회 미달 및 초과 시 감점 적용, 공방 수는 7~10회.

① 자유품새 구성
  2. 음악 및 안무: 참가선수가 자유로이 구성
  ☞ (한 번 사용한 음원 다음 3회 대회만 사용 가능, 편곡 시 2/3 이상 수정 시 사용 가능) ☞ 음원 사용제한 규정 신설.

  3. 태권도 기술이라 볼 수 없는 기술은 감점 대상이며 모든 발차기는 허리 이상 차는 것을 원칙으로 한다. 단, 무릎을 접었다가 펴야 한다.
  (무릎이 80% 이상 펴져야 발차기로 인정한다).

② 자유품새 채점 기준.
  1. 기술력(6.0)
     가. 발차기 난이도((5.0 → 4.0)
     나. 동작의 정확도 및 품새의 완성도((1.0 → 2.0)

채점 항목	세부 기준 항목		점수
기술력(6.0)	발차기 난이도(4.0)	뛰어 옆차기(뛴 높이)	0.5
		뛰어 앞차기(발차기 수)	0.5
		회전 발차기(회전각)	1.0
		연속 발차기	1.0
		아크로바틱 동작	1.0
	동작의 정확도 및 품새의 완성도(2.0)		2.0
연출력(4.0)	창의성		4.0
	조화		
	기의 표현		
	음악 및 안무		
최대점수(10.00)			10.0

☞ 동작의 정확도를 인식하여야 하나 지도자나 선수들이 회전과 퍼포먼스만 중요하게 여겨 정작 태권도에 중요한 발차기 및 태권도 동작이 표현되지 않음. 이러한 것을 바탕으로 정확도 및 품새의 완성도 점수를 높일 필요성이 있음.

☞ 회전발차기 회전각 및 높이에 따라 차등점수 부여, 선수가 선택하여 최상위 기술 구현 시 점수 구현폭이 넓음. (가산점수임)

☞ 태권도 동작의 정확도와 지정 기술동작 숙련도 여부로 점수 차등 부여

2. 동작의 정확도 및 품새의 완성도 : 태권도 기본 동작과 지정기술동작의 정확도를 말하며 최소 0점부터 2.0까지 점수를 부여한다. 자유품새 전반 동작의 실용성과 공방 간의 연결성의 완성도를 이루는지를 평가한다.

연출성 점수

연출성	아주못함		못함		보통		잘함		아주잘함	
창의성	0.1	0.2	0.3	0.4	0.5	0.6	0.7	0.8	0.9	1.0
조화	0.1	0.2	0.3	0.4	0.5	0.6	0.7	0.8	0.9	1.0
기의 표현	0.1	0.2	0.3	0.4	0.5	0.6	0.7	0.8	0.9	1.0
음악 및 구성	0.1	0.2	0.3	0.4	0.5	0.6	0.7	0.8	0.9	1.0

· 경연 시 보조자의 도움을 받아서 시연하는 경우 0점 처리한다.
  예) 아크로바틱의 경우 보조자의 도움을 받아 점프하는 경우.
· 복식, 단체전 팀원이 실수 또는 일부로 함께 수행해야 할 동작 중지된 경우 0.3 감점. (연출력 총점)
· 다른 인원이 두 가지 연결 기술 도중, 한 명 이상 실수를 하거나 멈췄을 때 0.3 감점. (연출력 총점)

■ 향후 개정 및 수정 보완이 필요한 사항

☆옆차기 부분 : 고관절을 반대쪽 팔로 지지를 하게 되면 중심을 잡기도 쉽고 발차기도 높이 찰 수 있음. 현재 선수들이 정확성 1점 감점을 받더라도 높이 차고 중심을 잘 잡기 위해 고관절을 지지해서 차는데 향후 새롭게 경기규칙이 개정될 때에는 고관절을 발차는 반대쪽 손으로 잡고 누르면서 차는 경우는 강력하게 감점을 적용해 열심히 운동하는 선수들에게 피해가 가지 않게 하는 방법이 좋다.
-정확성에서 0.3 감점 적용

☞ 품새 경기규칙의 개정은 대한태권도협회뿐 아니라 세계태권도연맹과 함께 발을 맞추어 개정해야 한다.

☞ 현재 논란이 되고 있는 채점기준들은 차후에 충분한 논의를 거쳐 개정되어야 할 것이다.

① 국기원 교본수정 사항 : 태극 7장 표적치기 시 시선 방향 교본은 수정되었지만, 경기 규칙(KTA, WT)은 개정되지 않아 현행방식 그대로 적용한다.
② 태극 7장 손날 엇걸어 아래막기 : 현재는 손이 바뀌면 0.1 감점 하는데 엇걸어 막기는 아래막기 후 다른 팔에 힘을 주어 막는 것으로 엇걸어 아래막기는 같은 발 같은 손으로 막은 상태에서 엇걸어 막는 동작이다. 추후에 막는 손이 바뀔(틀릴) 경우에 대한 개정이 필요하다.
예) 엇걸어 아래막기, 손날 엇걸어 막기.

☞ 공인품새에서 주먹지르기를 할 경우 작용과 반작용의 원리로 주먹지르는 팔의 반대팔을 당기면서 주먹을 지르는데 반대팔을 완전하게 펴서 당기는 경우 또는 80% 이상 펴는 경우가 있는데 이는 좋은 표현 방법이 아니다.

☞ 대한태권도협회 초창기 품새대회는 각 국가별, 관별로 제각각이었던 태권

도 동작들의 국기원이 제정한 품새 동작으로 일치화 통일화시키기 위해 정확성 점수가 높았다.

☞ 동작이 통일화되어 가면서 정확성 점수도 낮아지고 몸의 쓰임을 어떻게 무도의 가치와 아름답게 표현할 수 있는 것으로 변화되어 가고 있다.

☞ 품새는 채점기준인 정확도와 표현력을 잘 살펴야 한다. 정확도보다는 표현력 점수가 높게 형성되어 있는 것처럼 품새별 세부동작이나 개별 동작 등을 보면서 몸 쓰임 즉 몸 쓰임을 잘하는 선수인지를 잘 살펴봐야 한다.

☞ 나무보다(동작)는 숲(전체 품)을 보는 것처럼 채점한다.

☞ 어떤 지도자들은 동작 하나하나를 가지고 와서 문제 제기 및 이의제기를 하는 경우도 있다. 심판의 입장에서는 표현력 한 부분, 정확성 한 부분 못한다고 해서 승·패가 결정되지는 않는다.
예) 태극 6장 돌려차기 후 발이 사선으로 갔다. 태극 4장에서 막은 손을 안 풀고 주먹을 지른다. 태극 7장에서 당겨 턱치기할 경우 밑에 손을 당기면서 하는지 그냥 두고 하는지 등등 다양하게 문의를 주는 지도자들도 많다. 하지만 예에서 보는 것처럼 한 부분에서 승·패가 결정되지 않는다.

☞ 품새 경기는 상대평가이므로 두 명의 선수 중 정확도, 표현력 부분에서 잘하는 선수를 이기게 해주면 되는 것이다.

☞ 현재 채점은 정확도 보다는 표현력 점수가 높다. 정확한 동작 속에서 힘을 잘 표현하는 선수들이 승리할 수 있게 해주어야 한다. 하지만 정확도 부분에서 허용범위(약간의 차이)를 줘서 그런지 아래막기 높이가 한 뼘 혹은 세운주먹 2개인데 선수들이 너무 높게 막는 경향들이 많다.

☞ 평원 품새에서 산틀막기를 크게 하여야 하나(주먹이 단전 아래로 내려감) 바로 가슴 앞에서 산틀막기 하는 경우 표현력 저점을 주어야 한다.

☞ 심판은 품새의 세부적 동작을 평가하지만, 전체적으로 품새를 살펴보고 청, 홍 선수의 승패를 결정한다.

☞ '영상(VR) 판독권' 신설
- 현재 많은 스포츠 경기(축구, 배구, 펜싱, 씨름 등)에서 사람의 눈이 따라가지 못하는 경우, 애매한 경우 정확한 판정을 위해 VR 판독을 하고 있다.
- 겨루기에서도 영상 판독을 하고 있다.
- 품새 경기에서도 영상판독권을 1회 부여해줘서 32강, 16강, 혹은 8강 경기부터 영상 판독권을 활용할 수 있게 해주는 것이다.
- 영상판독은 정확성 0.3 감점 상황만 적용한다.
- 영상판독이 인용될 경우에는 판독권을 지도자에게 돌려주고 인용이 안 될 경우는 회수한다.
- 품새 경기의 특성상 영상판독은 품새 시연이 끝나고 점수 표출 이전에 지도자가 신청한다.

3. 기본동작 및 품새별 채점 기술 지침

1) 기본동작 서기 채점 기준

구분	단위 서기		과정 및 기준점	주요 감점 사항
서기	서기		• 정면과 측면에 대한 중심선이 균형을 이루어야 하고 각 서기의 특성에 맞게 체중이 정확히 실려 있는 형태를 말한다. • 옮겨 딛을 때 중심이동이 정확히 되고 중심 이동과 동시에 기술의 정확도가 높아야 한다. • 경추를 세우고 턱을 약간 당기며 대추혈과 꼬리뼈를 가상의 직선이 되도록 맞춘다. • 쇄골을 수평으로 하고 허리를 긴장시키지 않는다. • 가슴을 앞으로 내밀지 않으며 전신을 긴장시키지 않는다.	• 손과 발이 동시에 이루어지지 않을 경우 〈표현력〉 • 이동 시 갈지(之)자 형태의 보법이 나타날 경우 〈표현력〉 • 서기 기준에 벗어났을 경우 〈정확도 0.1〉
	서기의 단위 해석		• 서기의 단위는 본인 신체에 맞게 크게는 '걸음', 작게는 '발바닥 길이'로 한다 • 앞으로 내디뎌 설 때는 '한 걸음' 또는 '한 걸음 반'으로 하고 • 옆으로 벌려 설 때는 '한 발', '한 발 반', '두 발' 식으로 표현한다.	
	준비서기	기본	• 모아서기에서 왼발을 한 발길이로 넓혀 선다. (나란히서기) • 손바닥을 위로 향하게 하여 단전에서 시작하고 두 손을 몸을 스쳐 명치 앞까지 끌어올려 명치 앞에서 손가락을 말아 쥐면서 주먹을 틀어 서서히 아래로 향한다. • 아랫배(단전) 앞에 두 주먹을 멈춘다. • 주먹과 주먹 사이는 한주먹 그리고 몸통과 주먹 사이는 세운주먹 간격으로 띄운다.	• 한 발 길이보다 좁거나 넓을 경우 〈정확도 0.1〉 • 두 손을 명치보다 높게 끌어 올릴 경우 〈표현력〉 • 주먹과 주먹 사이는 한주먹 그리고 몸통과 주먹 사이가 세운주먹 간격이 아닐 경우 〈표현력〉 • 준비서기 시 오른발을 벌리는 경우 〈정확도 0.3〉
		겹손	• 두 발을 모아서기로 선다. • 오른손 위에 왼손을 엑스(X) 형태로 겹쳐 손은 손날이나 편손끝과 같이 손가락을 펴서 단전에서 시작하여 명치 앞까지 끌어올려 서서히 아랫배(단전) 앞에 멈춘다. • 오른 손바닥과 몸통 사이는 세운 주먹 간격으로 띄운다. • 겹친 두 손은 각각 힘을 준다.	• 과도하게 몸통에서 떨어져서 올릴 경우 〈표현력〉 • 명치선 이상 올라가거나 몸통에서 떨어지는 경우 〈표현력〉

구분	단위 서기		과정 및 기준점	주요 감점 사항
서기	준비서기	보주먹	• 두 발은 모아서기로 선다. • 두 손을 단전 앞에서 모아 가슴 앞으로 올려 인중선 앞에 멈춘다. (5초 정도 수행한다) • 오른손은 주먹을 쥐고 왼손은 엄지손가락을 제외한 네 손가락을 붙여, 둥글게 손가락을 말아 오른 주먹을 감싼다.	• 팔꿈치가 120° 이상 펴질 경우 〈표현력〉 • 양 팔꿈치가 들려있을 경우 〈표현력〉 • 밀어 놓고 들어 올릴 경우 〈표현력〉
		통밀기	• 두 발 나란히서기로 선다. • 두 손을 손날과 같이하여 단전 앞에서부터 모아가며 손바닥이 위를 향하게 하면서 가슴 앞까지 끌어올렸다가 두 손을 손바닥이 마주 보게 하면서 손날을 세워 서서히 앞으로 민다. • 두 손을 앞으로 밀 때 손의 모양은 얼굴을 마주 잡은 것처럼 한다. • 손끝이 위를 향하도록 팔꿈치는 120° 가량 펴면서 앞으로 내민다. • 두 손끝의 높이는 인중에 위치한다. 5초 정도 수행한다.	• 두 손끝의 높이가 인중 높이보다 많이 올라가거나 이하로 내려갈 경우 〈표현력〉 • 두 손바닥이 정면을 향할 경우 〈정확도 0.3〉 • 손가락을 완전히 펴서 하는 경우 〈표현력〉
	주춤서기		• 발과 발의 간격은 두 발 길이 정도로 선다. • 발의 안쪽(발날등)이 서로 나란히 되게 한다. • 몸통은 반듯하게 하고 두 무릎을 굽히는데, 서서 아래를 내려다봤을 때 무릎과 발끝이 일치되도록 한다.	• 무릎이나 발끝이 열리거나 닫힐 경우 〈정확도 0.1〉 • 엉덩이가 뒤로 빠질 경우 〈표현력〉 • 상체가 앞으로 쏠릴 경우 〈표현력〉
	앞서기		• 걸어가다 멈췄을 때의 한걸음 길이로 선다. • 두 무릎은 펴며 체중을 두 다리에 균일하게 실어야 한다. • 몸을 반듯하게 세우고 정면을 향한 몸통은 30° 정도 자연스럽게 틀어준다. • 뒷발의 내각은 30° 정도	• 보폭이 너무 넓거나 너무 좁을 경우 〈정확도 0.1〉 • 몸의 중심축이 무너졌을 경우 〈표현력〉 • 뒷발의 내각이 30° 이상 벌어질 경우 〈정확도 0.1〉

구분	단위 서기	과정 및 기준점	주요 감점 사항
서기	앞굽이	• 두 발의 길이는 한걸음 반 정도로 한다. • 몸을 반듯하게 서서 땅을 내려다봤을 때 앞에 있는 무릎과 발끝이 일치되도록 무릎과 몸을 낮춘다. • 뒷발의 내각은 30° 정도 뒷다리의 무릎을 펴고 체중의 2/3를 앞에 둔다. • 몸을 반듯하게 세우고 몸통은 30° 정도로 틀어준다.	• 보폭이 넓어 허리와 골반부가 서기와 균형을 이루지 못할 경우 〈표현력〉 • 뒤에 있는 발의 뒤축이 들려지거나 무릎이 굽어질 경우 〈정확도 0.1〉 • 뒷발의 각이 30° 이상 벌어질 경우 〈정확도 0.1〉 • 몸의 중심축이 무너졌을 경우 〈표현력〉 • 뒤축이 먼저 닿거나 쿵쿵 소리를 낼 경우 〈표현력〉
	뒷굽이 (오른 뒷굽이)	• 오른발을 90° 벌려 선 상태에서 왼발 한걸음 길이로 내디디며 몸을 반듯하게 세우고 두 무릎을 굽혀 몸을 낮춘다. • 몸을 낮출 때 무릎은 오른발 끝 지면과 60~70° 되게 굽히고 왼발 무릎은 정면(왼발 끝 방향)으로지면에서 100~110° 가량 약간 구부린다. 두 무릎은 90° 가 되게 한다. 주춤서기 때와 같이 무릎을 안으로 조이면 안 된다.	• 뒷무릎이 열릴 경우 〈정확도 0.1〉 • 몸의 중심축이 무너졌을 경우 〈표현력〉 • 앞발 뒤꿈치가 들릴 경우 〈정확도 0.1〉 • 엉덩이가 뒤로 빠지면서 범서기 같은 형태가 될 경우 〈표현력〉 • 오른어깨의 각(45°)이 뒤로 너무 돌아갔을 경우 〈표현력〉
	범서기 (왼범 서기)	• 모아서기에서 오른발을 30° 정도의 각으로 넓혀서며 왼발을 오른발 끝에서 한발 길이로 내딛는다. • 체중을 뒷발에 싣고 뒷발을 내려다봤을 때 무릎과 발끝이 일직선이 되게 한다. • 가볍게 딛고 무릎을 약간 안으로 튼다. • 아랫배에 힘을 주며 체중을 뒷발에 90~100% 싣는다.	• 무릎이 지나치게 열릴 경우 〈정확도성 0.1〉 • 보폭이 너무 짧거나 길 경우 〈표현력〉 • 상체가 뒤로 젖혀지거나 엉덩이가 뒤로 빠질 경우 〈표현력〉

구분	단위 서기	과정 및 기준점	주요 감점 사항
서기	오른(왼)서기	• 나란히서기와 모두 같으나 다만 한발은 제자리, 반대 발은 틀어 앞축을 90°로 돌려 딛는다.	• 두 발의 각이 90°가 되지 않았을 경우 〈표현력〉 • 두 발의 간격이 한 발 정도 벌어지지 않았을 경우 〈정확도 0.1〉
	학다리서기	• 중심 발은 주춤서기 높이로 한다. • 붙이는 발은 발날등을 중심 발 무릎이 안쪽에 자연스럽게 힘을 빼고 붙인다. • 든 발에 무릎이 앞 향하도록 조여야 한다.	• 서기에서 무릎이 펴지는 경우 〈정확도 0.1〉 • 든 발의 내측을 지지축 무릎 내측에 붙이지 않는 경우 〈정확도 0.1〉 • 무릎이 벌어지는 경우 〈표현력〉 • 무릎 위에 걸치는 경우 〈정확도 0.1〉
	앞꼬아서기	• 좌우로 이동 시 사용되는 서기 동작 • 지지가 되는 발의 발등을 넘어 새끼발가락 옆에(세운주먹 하나 정도) 앞축을 딛는다. • 앞발은 정면에서 45° 각을 이루며, 뒷발의 정강이가 앞발의 장딴지에 붙인다.	• 옮기는 발이 지지 발 앞으로 교차하지 않을 경우 〈정확도 0.3〉
	뒤꼬아서기	• 앞뒤로 이동 시 사용되는 서기 동작 • 지지가 되는 발의 뒤꿈치의 대각선상에 앞축을 딛는다. • 앞발은 정면에서 45° 각을 이루며, 뒷발의 정강이가 앞발의 장딴지에 붙인다.	• 무릎이 굽혀지지 않거나 무릎과 오금이 닿는 경우 〈표현력〉 • 지지가 되는 발의 뒤꿈치와 딛는 발 앞축 사이의 간격이 주먹 하나 간격보다 넓을 경우 〈표현력〉
	곁다리서기	• 곁들인 발은 딛고 있는 발의 발날등 중간에 앞축의 엄지발가락 부분이 와서 닿게 하며, 발 뒤축은 들고 발목을 펴서 앞축만 바닥에 닿게 한다. • 두 무릎은 주춤서기 높이, 몸의 중심이 앞서 디딘 발에 있고 곁들인 발은 가볍게 곁들여 디딘다.	

딛기 방법	-특수 딛기 이외의 딛기는 바닥에 앞 축이 먼저 닿는 것으로 한다. -이동 시 무릎이 벌어져 움직이면 안 되며 무릎은 이동 방향을 향하고 발은 지면을 스치듯 직선 형태로 나아가야 한다. -방향 전환 시 앞축으로 회전하며 높낮이의 변화가 있거나, 몸의 중심이동 없이 발만 먼저 움직이는 것은 바람직하지 않으며, 몸의 중심선이 균형을 이룬 상태에서 몸의 중심축이 발과 함께 이동해야 한다.

2) 기본동작 막기 채점 기준

구분	단위 막기	과정 및 기준점	주요 감점 사항
막기	내려막기 (아래막기)	• 막는 팔의 주먹은 팔꿈치를 구부려 단전 앞을 지나 허벅다리 위에서 약간 안쪽에 멈추며 높이는 세운 주먹 두 개 정도 또는 한 뼘 정도 간격이다. • 반대 팔목은 젖힌 주먹으로 장골능에 위치시킨다.(요령) 막는 주먹은 어깨높이 정도 올리고 막는 주먹 바닥 부분이 반대편 얼굴을 향하게 한다. 반대 손은 엎은 주먹 상태로 자연스럽게 명치선에 오게 한다. 막는 팔의 팔꿈치가 들리지 않아야 하며 몸에 붙이지 않는 선에서 행한다. • 막기를 할 때 몸통을 사용하지 않고 팔만 이용해서 막으면 안 되며, 어깨와 팔꿈치가 들려서 힘이 들어간 동작이 되면 안 된다. • 모든 막기에 동작은 각 품새에서 요구하는 방어의 특성을 살려야 한다.	• 몸통을 함께 사용하지 않고, 몸통을 과장되게 틀어서 막는 경우 〈표현력〉 • 막는 팔이 대퇴선 상에 오지 않거나 벗어나는 경우 〈표현력〉 • 막는 팔의 팔꿈치가 들리거나 밖으로 나가는 경우 〈정확도 0.1〉 • 막는 팔이 지르기 형태로 가는 경우 〈정확도 0.1〉 • 허리에 위치하는 반대 손 손목의 위치가 장골능에 위치하지 않고 뒤로 들어가거나 앞으로 나오는 경우 〈표현력〉
	(몸통) 바깥막기 (안팔목막기, 바깥팔목막기)	• 막는 팔의 주먹등이 몸으로 향하게 하고 주먹 끝이 어깨선과 일치하게 한다. • 반대 팔목은 젖힌 주먹으로 장골능에 위치시킨다.(요령) 막는 팔의 주먹은 젖힌 주먹으로 반대 팔의 팔꿈치보다 약간 아래(주먹 하나 정도)에 두고 반대 팔은 막는 팔 안쪽에서 주먹등 부분이 위쪽을 향하게 하여 막는 팔의 어깨에서 약간 떨어진 상태로 시작한다. • 기본 동작 시 막는 팔의 시작점 높이는 몸통 부위 안에서 이루어져야 한다. (품새 특성에 따라 시작점은 다를 수 있다.) • 몸통바깥막기의 중간과정은 주먹이나 손끝이 위를 향해 인중선 높이 정도로 약간의 곡선을 이루듯 지나가야 한다. • 안팔목 바깥막기는 바깥으로 막는 기술이므로 안팔목이 몸통의 몸 바깥선까지 와야 한다.	• 막는 팔의 팔꿈치가 대퇴선 상에 위치하지 않을 경우 〈표현력〉 • 막는 팔꿈치가 들릴 경우 〈표현력〉 • 막는 팔이 안에서 나갈 경우 〈표현력〉 • 막는 팔의 시작점 높이가 몸통 부위가 아닌 장골능에서 시작할 경우 〈표현력〉

구분	단위 막기	과정 및 기준점	주요 감점 사항
막기	몸통 안막기	• 모든 몸통 안막기는 팔목이 몸의 중심선에 와야 한다. • 팔의 내각은 90~120°로 한다. • 막는 주먹의 높이는 어깨높이 정도로 한다. • 반대 팔목은 젖힌 주먹으로 장골능에 위치한다. • 몸통과 함께 팔꿈치가 진행해야 하며 팔꿈치가 몸통에서 멀리 떨어져선 안 된다.	• 팔꿈치가 들리는 경우 〈표현력〉 • 팔목이 중심선까지 들어오지 않을 경우 〈정확도성 0.1〉
	올려 (얼굴) 막기	• 막는 팔의 팔목이 얼굴 중앙선에 위치하며, 주먹 하나 정도가 이마에서 떨어지게 한다. • 반대 팔목은 옆구리(장골능)에 위치한다. (요령) 막는 팔은 젖힌 주먹으로 반대팔 팔꿈치보다 약간 바깥쪽에서 아래로 하고, 반대 팔은 주먹등이 위를 향하게 하여 반대편 어깨높이에서 시작한다. • 주먹이 먼저 올라가야 한다.	• 막는 팔목의 중심선이 얼굴의 중심선을 바깥으로 벗어나거나 이마 뒤로 넘어갈 경우 〈정확도성 0.1〉 • 팔꿈치가 먼저 올라가거나 막는 손이 얼굴이나 몸통에서 주먹 하나 간격보다 멀어지는 경우 〈표현력〉 • 막는 팔이 반대편 장골능까지 들어가는 경우 〈표현력〉 • 얼굴막기한 밑팔목이 위를 향한 경우 〈정확도 0.1〉
	손날 거들어 바깥막기	• 막는 손끝의 높이는 어깨 정도로 한다. • 손목이 구부러지지 말아야 한다. • 거들은 손은 팔목이 명치 앞에 오게 하며, 손날과 몸통 사이는 약간 (손바닥 하나 사이) 띄워 준다. (요령) 막는 손의 손바닥을 위로 향하게 하고, 반대 손은 손바닥 부분이 뒤로 향한 상태에서 시작한다. • 모든 손동작의 회전은 손동작의 목표점에 다다르며 회전동작이 이루어져야 한다.	[시작 시] • 거들은 손의 팔목이 명치 앞에 위치하지 않을 경우 〈표현력〉 • 몸통 바깥 막기의 과정과 동일한 과정을 거치지 않는 경우 〈표현력〉 • 회전이 먼저 이루어져 동작을 시행하거나 마지막 순간에 모든 회전이 이루어질 경우 〈표현력〉 • 막는 손날 손바닥이 측면을 향할 경우 〈표현력〉

구분	단위 막기	과정 및 기준점	주요 감점 사항
막기	손날 거들어 바깥막기		• 막는 손이 장골능선 밑으로 내려가서 막는 경우 〈정확도 0.1〉 • 손목이 꺾이는 경우 〈정확도 0.1〉

3) 기본동작 지르기, 치기, 찌르기 채점 기준

구분	단위 동작	과정 및 기준점	주요 감점 사항
지르기 치기 찌르기	지르기	• 서기의 다리를 앞, 뒤로 넓혀 딛고서 (앞굽이, 뒷굽이 관계없이) 주먹으로 지르기를 하였을 때를 말한다. • 주먹은 장골능에서 시작하여 목표점에 도달할 때 회전 동작이 완성돼야 한다. (요령) 당기는 주먹은 지르는 주먹의 목표와 같은 선상에서 당긴다. • 팔꿈치가 몸의 바깥 부분을 스치며 나가고, 들어와야 한다. • 모든 공격은 각 품새에서 요구하는 공격의 특성을 살려야 한다. • 상대의 목표 (얼굴, 몸통, 아래) 부위를 정확하게 주먹으로 직각이 되도록 가격한다.	• 회전이 먼저 이루어져 동작을 시행하거나 마지막 순간에 모든 회전이 이루어질 경우 〈표현력〉 • 팔꿈치가 벌어져 나가거나 들어오는 경우 〈표현력〉 • 목표점을 위로 밀어 올리는 경우 〈표현력〉 • 주먹을 미리 허리에서 틀어서 나가거나 미는 경우 〈표현력〉 • 지르는 팔의 어깨를 과도하게 앞으로 내미는 경우 〈표현력〉 • 주먹을 목표점에 멈출 시 주먹을 느슨하게 쥐거나 손목이 구부러져 있을 경우 〈정확도 0.1〉
	치기	• 팔꿈치를 굽히거나 뻗은 상태로 손이나 주먹이 회전하며 목표를 가격한다. • 치는 팔은 당기는 팔의 안쪽에서 움직이는 것을 원칙으로 한다.	• 치는 손이 찌르기 형태로 하는 경우 〈정확도 0.3〉 • 손날을 안으로 쳤을 때 팔굽을 완전히 펴거나 수평으로 치는 경우 〈표현력〉 • 교차하여 치는 팔이 당기는 팔의 바깥으로 나올 경우 〈표현력〉

구분	단위 동작	과정 및 기준점	주요 감점 사항
지르기 치기 찌르기	치기 찌르기 (편손 끝)	• 반대 손의 손등 위로 편손끝 찌르는 팔꿈치가 위치한다. • 편손끝은 명치 높이로 곧게 찌른다. (요령) 손바닥으로 눌러 막는 동시에 허리에 있던 편손끝으로 찌른다.	• 팔꿈치가 손등이 아닌 손가락 위에 위치하는 경우 〈표현력〉 • 누르는 손이 찌르는 팔의 팔꿈치 밑에 위치하지 않은 경우 〈정확도 0.1〉 • 눌러 막는 동시에 찌르기를 하지 않는 경우 〈표현력〉

4) 기본동작 차기 채점 기준

품 구분		과정 및 기준점	주요 감점 사항
차기	앞차기	• 각 품새에서 특별한 규정이 없을 때에 모든 차기 기술의 목표는 얼굴 높이 이상으로 한다. • 차는 발의 무릎을 앞으로 접어 올려 찬다. • 사용 부위가 목표를 향해 차야 한다. • 앞차기는 앞축, 돌려차기는 앞축 또는 발등으로 하고, 옆차기는 발날의 뒤축 부분이 발 앞부분 보다 올라가야 한다. • 옆차기 시 앞축을 축으로 발바닥이 회전할 수 있도록 한다. • 차기 시 양손은 가슴에 붙이지 않고 자연스럽게 모은다. (겨룸새 형태) ☞ 차기 시 축이 되는 발이 점프할 경우 〈정확도 0.3〉 ☞ 앞차기 앞축 표현이 안 될 경우 〈정확도 0.1〉 ☞ 옆차기 -발차기 찬 후 두 발이 동시에 움직일 경우 〈정확도 0.3〉 -차는 방향으로 시선을 보지 않는 경우 〈정확도 0.3〉 -발차기 찬 직후 착지할 때 한발이 두 발 길이 이상 벗어날 경우 〈정확도 0.3〉 • **옆차기 시 접으면서 한번 멈추고 차는 발차기는 표현력 저점** -차기 시 고관절(골반)을 손을 펴고 미는 경우 〈정확도 0.1〉 〈표현력 저점〉	• 상체를 고정해 놓고 차는 경우 〈표현력〉 • 뒤축을 미리 틀어서 차는 경우 〈표현력〉 • 정확한 수행 과정 없이 높게 차는 경우 정확도 및 표현력에서도 감점으로 처리한다. • 앞차기 시 차는 목표가 전면이 아닌 경우(예: 위로 뻗어 올려 차는 경우) 〈표현력〉 • 돌려차기 시 직선으로 찔러 차는 경우 〈표현력〉 • 앞차기 시 머리를 과도하게 뒤로 젖히는 경우 〈정확도〉 • 목표점(차는발)에 시선이 가지 않을 경우 〈정확도〉옆차기 시선 안갈 경우 〈정확도 0.3〉 • 옆차기 시 지지 발의 뒤축이 차는 방향으로 돌지 않거나, 차기 시 엉덩이가 빠지는 경우 〈표현력〉 • 차기 시 양손을 가슴 아래에 붙이는 경우 〈표현력〉
	돌려차기		
	옆차기		

5) 품새별 서기, 바로, 기합 및 품새 연무선

품새명	품새선	준비서기	품, 동작수	기 합	바 로
태극3	王 리(불)	기본준비서기	20품 34동작	왼 주먹 몸통 바로지르기	왼발 끌어
태극4	王 진(우레)	기본준비서기	20품 29동작	몸통 두번지르기	왼발 끌어
태극5	王 손(바람)	기본준비서기	20품 32동작	오른 등주먹 얼굴 앞치기	왼발 끌어
태극6	王 감(물)	기본준비서기	19품 31동작	왼발 얼굴 돌려차기	오른발 끌어
태 7	王 간(艮)	기본준비서기	25품 33동작	오른 주먹 몸통 옆지르기	왼발 끌어
태극8	王 곤(坤)	기본준비서기	27품 38동작	두발당성앞차기 .오른발 뛰어앞차기	왼발 끌어
고려	士 (선배)	통밀기	30품 45동작	오른 칼재비	왼발 끌어
금강	山 (금강)	기본준비서기	27품 27동작	내려 짓찧으며 산틀막기 내려 짓찧으며 산틀막기	왼발 끌어
태백	工 (단군사상)	기본준비서기	26품 38동작	오른 주먹 몸통 반대지르기	왼발 끌어
평원	一 (대지)	모아서기 겹손	21품 25동작	오른 등주먹 당겨턱치기 왼 등주먹 당겨턱치기	왼발 끌어
십진	十 (십장사상)	기본준비서기	28품 31동작	주먹 몸통 옆지르기 (2번 기합) 등주먹 거들어 얼굴 앞치기	오른발 끌어
지태	ㅗ (지상인)	기본준비서기	28품 37동작	왼 메주먹 표적치기 오른 주먹 몸통 반대지르기	왼발 끌어
천권	ㅜ (지행일치)	모아서기 겹손	26품 27동작	왼발 옆차기	왼발 끌어
한수	水 (한 물)	모아서기 겹손	27품 34동작	오른 등주먹 얼굴 앞치기 왼 등주먹 얼굴 앞치기	오른발 끌어

☞ 심판들은 종료점에 돌아오지 않아도 되는 품새 금강, 지태를 줄여서 '금지'라고 암기하고 평가한다.

☞ 바로 서기 할 때 오른발인지 왼발인지 헷갈릴 때가 있다. 이럴 때 자기만의 방법으로 외워서 암기한다. 6장, 십진, 한수를 육진수 등으로 외워서 판정한다.

☞ "바로" 할 때 반대발을 당겨 준비서기를 하면 정확성에서 0.3점을 감점한다.

6) 품새별 짓찧기 동작

연번	품새명	품·동작명	속도와 힘	비 고
1	태극5장	오른발 앞차고 왼뒤꼬아서기 오른등주먹 얼굴앞치기	강하게	발날 사용 짓찧기
2	금강	주춤서기 산틀막기	강하게	발날 사용 짓찧기
3	평원	주춤서기 당겨 등주먹 턱치기	강하게	발날 사용 짓찧기
4	십진	오른발 앞차고 왼뒤꼬아서기 오른등주먹 거들어 얼굴앞치기	강하게	발날 사용 짓찧기
5	한수	앞차고 뒤꼬아서기 등주먹 얼굴앞치기	강하게	발날 사용 짓찧기

7) 품새에서 천천히 수행하는 동작

연번	품새명	품·동작명	시간 (초 정도)
1	태극6장	나란히서기 아래헤쳐막기	5초
2	태극7장	모아서기 보주먹	5초
3	태극8장	앞굽이 당겨턱지르기	8초
4	고려	모아서기 왼메주먹 아래표적치기	8초
5	금강	학다리서기 금강막기	8초
6	금강	나란히서기 아래헤쳐막기	5초
7	평원	나란히서기 손날아래헤쳐막기	5초
8	십진	뒷굽이, 앞굽이 (몸통)안 팔목 거들어 바깥막고 편손끝 엎어찌르기	5초
9	십진	앞굽이 바위밀기	5초
10	십진	주춤서기 손날아래헤쳐막고 주먹 쥐고 일어서기까지	8초
11	지태	앞굽이 얼굴막기 다음 몸통바로지르기	8초
12	지태	왼뒷굽이 몸통바깥막기	8초
13	지태	왼앞굽이 얼굴막기	8초
14	천권	모아서기 날개펴기	8초
15	천권	앞굽이 한손날 비틀어 막기에서 발을 내디여 손을 잡아끌면서 몸통바로지르기	8초
16	천권	뒷굽이 손날외산틀막기	5초
17	천권	범서기 태산밀기	5초

☞ 태권도 품새에서는 천천히 수행하는 동작들이 있다. 이러한 동작은 약 5초, 8초 정도가 되는데 각각의 품새별 세부적으로 천천히 수행하는 동작들을 보기 쉽고 이해하기 좋게 일목요연하게 정리했다.

4. 유급자 품새 채점 기준

태극 3장 채점 기준

품 구분	기준점	표현력	주요 감점 사항
앞차고 (몸통) 두 번 지르기	• 앞차기 후 지르기를 연속으로 한다. • 앞차기는 탄력적으로 이루어져야 한다.	• 앞차고 (몸통) 두 번 지르고 뒤돌아 앞차고 (몸통) 두 번 지르기까지	
손날 안치기	• 손날의 높이는 목 높이로 한다.	• 옮겨 딛고 손날 안치기	• 목 치는 손이 밀거나 찌르는 경우 〈정확도 0.3〉
한 손날 바깥 막고 지르기	• 막는 손끝의 높이는 어깨높이로 한다. • 막고 지르기는 연속으로 한다.	• 한 손날 바깥 막고 지르고 뒤 돌아 한 손날 바깥 막고 지르기 • 몸의 중심을 이동하면서 앞발을 이동할 때 뒷발의 무릎을 펴면서 추진력을 이용하여 지르기가 이루어져야 한다.	• (몸통) 지르기 시 손날 막는 팔이 펴지는 경우 〈표현력〉 • 뒷굽이에서 앞굽이로 전환 시 앞발이 제자리에 있거나 옆으로 벌어지는 경우 〈정확도 0.1〉 • 앞발을 먼저 들고 중심이동을 나중에 하는 경우 〈표현력〉 • 앞발이 아닌 뒷발을 이동하는 경우 〈정확도성 0.1〉
앞차고 내려 막고 (몸통) 지르기	• 앞차고 내려 막고 (몸통) 지르기는 연속으로 한다.	• 앞차고 내려 막고 (몸통) 지르고 앞차고 내려 막고 (몸통) 지르기까지	• 차기 시 양손을 가슴 아래에 붙이는 경우 〈표현력〉

☞ 앞차고 두 번 지르기는 딛는 동시에 지르고 한 동작처럼 연결이 잘 이루어지면 표현력 점수를 높게 준다.

☞ 한 손날 바깥 막고 지르기 동작 수행 시 중심이동이 잘 이루어지는지를 잘 살펴보고 중심이동이 잘 이루어지면 표현력 점수를 높게 준다.

☞ 손날막기 후 손날 막은 손이 자연스럽게 주먹을 쥔 후 지르기를 하는 표현

☞ 뒷굽이에서 앞굽이 전환 시 자세의 높낮이가 변화가 없어야 한다.

태극 4장 채점기준

품 구분	기준점	표현력	주요 감점사항
눌러막고 편손끝 세워 찌르기	• 손날 거들어 바깥 막고 편손끝 세워 찌르기를 동시에 한다. 단, 편손끝 세워 찌르기는 장골능에서 시작한다.		• 눌러 막는 동시에 찌르기를 하지 않는 경우 〈표현력〉
제비품 안치기	• 한 손날 올려 막기와 손날 안치기는 동시에 이루어져야 한다. • 손날 안치기의 높이는 목 높이로 한다.		• 목 치는 손이 밀거나 찌르는 경우 〈정확도 0.3〉 • 팔굽을 완전히 편 경우 〈표현력〉
이어 옆차기	• 옆차기하고 한걸음 내딛음과 동시에 옆차기 찬다. • 차기 시 양손은 가슴에 붙이지 않고 자연스럽게 모은다. (겨룸새 형태)	• 옆차고 손날 몸통막기까지 한걸음 내디딜 때 발을 들고가는 것은 허용. 들지 않고 내려놓는 것이 좋은 표현	• 첫 옆차기 후 한걸음 내딛지 않는 경우 〈정확도 0.1〉 • 차기 시 양손을 가슴 아래에 붙이는 경우 〈표현력〉
앞차고 (몸통) 안막기	• 물러 딛을 때 미끄럼 발을 하지 않는다. • 막는 동작의 손발이 동시에 이루어진다. • 뒷굽이 (몸통) 안막기가 바르게 이루어져야 한다.	• 앞차기를 차고 (몸통) 안막기 뒤로 돌아서 앞차고 (몸통) 안막기까지	
등주먹 앞치기	• 치는 팔은 당기는 팔의 안쪽에서 행한다. • 손목이 바르게 되어야 한다.		• 치는 팔이 당기는 팔의 바깥에서 하는 경우 〈정확도 0.1〉
몸통막고 지르기	• 몸통막기 하고 지를 때 막았던 손의 힘을 빼고 자연스러운 손목 회전이 이루어진 후 장골능에 위치한다.	• 연결하는 동작에서 손목 회전이 자연스럽게 이루어져야 한다.	• 몸통 막기하고 지를 때 막았던 손의 힘을 빼지 않아 손목이 자연스러운 회전이 이루어지지 않거나 〈표현력〉 • 과도한 회전이 되는 경우 〈정확도 0.1〉
몸통막고 두 번 지르기			• 몸통 막고 두 번 지르기를 연속적으로 하지 않을 경우 〈표현력〉

☞ 몸통막고 두 번 지르기는 세 동작으로 이루어져 있지만 한 품으로 구성되어 있어 자연스럽게 연결하는 방법으로 연속적으로 이루어질 경우 표현력 점수 높게 준다.

☞ 이어 옆차기 멈추지 않고 연속으로 잘 연결하면 표현력 점수 높게 준다. (이동 과정 중 동작의 연속성)

☞ 몸통 바깥 막고 안막기의 연결은 앞찬 발을 접을 때 안막기 예비동작을 취하며 지면에 발을 내려놓을 때 막는 동작과 일치되게 표현하는 것이 좋은 표현

태극 5장 채점 기준

품 구분	기준점	표현력	주요 감점 사항
메주먹 내려치기	• 메주먹으로 내려치는 손은 주먹이 겨드랑이를 지나 당기는 손 안쪽에서 행한다. • 내려치는 주먹등이 반대쪽 얼굴 바깥 선을 지나 둥글게 머리 위에서 메주먹으로 내려친다. • 팔과 어깨가 수평이 되어야 한다. • 서기는 오른 서기와 왼 서기다.	• 메주먹 내려치고 뒤돌아 메주먹 내려치기까지 ☞ 호흡과 서기 내려치는 동작을 일치되게 표현 • 앞차고 등주먹 앞치기까지 ☞ 앞차고 접을 때 등주먹 앞치기의 예비동작 시행 여부를 본다.	• 당기는 손 바깥에서 내려치기를 하는 경우 〈정확도 0.1〉 • 나란히서기나 모아서기로 하는 경우 〈정확도 0.3〉 • 메주먹이 어깨선보다 높거나 낮을 경우 〈정확도 0.1〉 • 등주먹 바깥치기로 하는 경우 〈정확도 0.3〉
등주먹 앞치고 안막기	• 등주먹 앞치기 하고 안막기 할 때 막았던 손의 힘을 빼고 자연스러운 손목 회전이 이루어진 후 장골능에 위치한다. ☞ 등주먹 앞치기 시 얼굴 높이어야 하고 막기 시는 몸통 높이로 표현해야 한다.	• 빠르게 연결하는 동작에서 손목 회전을 자연스럽게 표현한다.	• 등주먹 앞치기와 몸통막기가 바르게 이루어지지 않을 경우 〈표현력〉
손날 바깥막고 팔굽 돌려치기	• 손날 바깥 막기 후 가슴 앞에서 오른 주먹을 왼 손바닥에 가볍게 대고 팔꿈치는 턱 높이로 돌려친다. • 팔굽돌려치기는 손의 주먹이 몸통에 가까이 붙어 몸통의 회전을 이용하여 팔꿈치로 턱을 칠 수 있어야 한다.	☞ 몸통의 회전을 이용(허리 쓰임)하여 하는 것이 좋은 표현력이다.	• 팔굽돌려치기 시 팔꿈치를 아래서 위로 올려치거나 〈정확도 0.3〉 • 어깨가 올라가는 경우 〈정확도 0.1〉 • 주먹을 먼저 올려 시작하는 경우 〈표현력〉 • 손이 주먹을 감싸는 경우 〈정확도 0.1〉
옆차고 팔굽 표적치기	• 표적이 되는 손은 가슴 앞에서 교차하여 메주먹 바깥 치는 형태로 팔을 옆차기와 평행선상으로 펴준다. • 허리를 틀며 팔꿈치를 표적의 손바닥에 친다.	• 옆차고 팔굽표적치기까지 ☞ 발과 손의 동작 일치성과 허리 쓰임을 본다.	• 등주먹을 돌려치거나 주먹을 지르는 경우 〈정확도 0.1〉 • 허리는 틀지 않고 표적만 당기는 경우 〈표현력〉 • 팔꿈치를 손으로 감싸 쥐는 경우 〈정확도 0.1〉 • 옆차기 시 한 손이 장골능(허리) 아래로 내려가는 경우 〈정확도 0.1〉

품 구분	기준점	표현력	주요 감점 사항
등주먹 앞치기	• 발날로 내려 짓찧고 뒤 꼬아서며 동시에 등주먹을 친다. • 짓찧는 발의 각도는 45°로 유지하고, 짓찧는 소리가 나야 하며, 차고 난 뒤 한걸음 반만큼 앞으로 나아가 짓찧는다.	• 앞차고 등주먹 앞치기 까지	• 뒤 꼬아선 앞발의 발끝이 직선 상에 있거나 두 발의 뒤축이 들려 있는 경우 〈정확도 0.1〉 • 짓찧는 소리가 나지 않거나 〈정확도 0.3〉 • 발날의 각도가 45°가 유지되지 않는 경우 〈정확도 0.1〉 • 뒤 꼬아 서기 시 세운주먹 하나 간격이 유지되지 않거나 〈정확도 0.1〉 • 두 발이 동시에 착지하는 경우 〈표현력〉

태극 6장 채점 기준

품 구분	기준점	표현력	주요 감점 사항
앞차고 (몸통) 바깥막기	• 앞차기 후 물러 디뎌 오른 뒷굽이 (몸통) 바깥 막기를 연속으로 이어서 해야 한다. (바깥 막기 손과 뒷굽이 딛는 발이 동시에 한다.)	☞ 바깥막기 시 주먹의 위치는 어깨높이	• 찬 발의 착지와 막기 동작이 동시에 이루어지지 않을 경우 〈표현력〉
손날 (얼굴) 비틀어 막기	• 앞굽이 비틀어 막기는 팔을 교차하여 손날이 얼굴 높이가 되어야 하며 어깨선의 각이 45°정도 되어야 한다. ☞ 몸통을 비틀어 막아야 좋은 표현이다.	• 손날 (얼굴) 비틀어 막고 돌려차고 뒤돌아 내려막기까지 ☞ 손날 비틀어 막기가 걸어 막는 동작으로 표현되는지 여부 ☞ 뒤로 돌아 아래막기 할 때 중심이동과 중심축 회전이 조화를 이루어 딛는 것으로 높이의 변화 여부	• 비틀어 막기를 몸통이 충분히 틀어지지 않고 한 손으로만 하는 경우 〈정확도 0.1〉 • 한 손날 막기가 몸통 바깥 선을 넘어가는 경우 〈정확도 0.1〉
(얼굴) 돌려차기	• 얼굴 돌려차기 후 한걸음 반 앞으로 내딛는다. • 돌려차기 후 내려 딛는 발은 다음 진행 방향으로 딛는다.		• 돌려차기를 한 후 내려 딛는 발을 모으는 경우 〈정확도 0.3〉 • 회전 시 발이 꼬여서 가는 경우 〈정확도 0.1〉
(얼굴) 바깥막고 (몸통) 지르기	• (얼굴) 바깥막기는 몸끝선 정도로 맞추며 (몸통) 지르기와 연결동작으로 이루어져야 한다.		• 얼굴) 바깥막기가 몸 끝선을 벗어나는 경우 〈정확도 0.1〉
(아래) 헤쳐막기	• (아래) 헤쳐막기 동작은 두 손을 교차해 5초 정도 한다. • (아래) 헤쳐막기 시 단전을 지나쳐 헤쳐 막는다.		• 동작을 지나치게 늦게 하거나 빠르게 한 경우 〈표현력〉 • 헤쳐 막는 손이 단전에서 한주먹 이상 벗어나는 경우 〈표현력〉
바탕손 안막고 (몸통) 지르기	• 바탕손 안막기와 (몸통) 지르기는 연결동작으로 이루어져야 한다. • 바탕손 안막기의 팔의 각도는 90°~120°로 한다. • 손목은 젖혀서 바탕손으로 막고 명치 높이에 위치한다.	• 바탕손 막고 지르기(반복)까지 ☞ 바탕손막기는 손목이 젖혀진 상태에서 막기 동작을 수행하는 것이 좋은 표현이다. ☞ 뒤로 물러딛기 시 중심이동과 손동작의 조화. 중심축의 회전력 여부	• 바탕손 안막기를 눌러 막기 동작으로 하는 경우 〈정확도 0.3〉 • 바탕손 안막기를 하는 손목이 펴지는 경우 〈정확도 0.1〉 • 바탕손 안막기를 하는 팔이 120° 이상으로 팔꿈치를 펴서 막는 경우 〈표현력〉

품 구분	기준점	표현력	주요 감점 사항
바탕손 안막고 (몸통) 지르기		☞ 뒤로 이동 시 중심이동이 먼저 되고 축이 움직이는지를 본다.	

태극 7장 채점 기준

품 구분	기준점	표현력	주요 감점 사항
바탕손 거들어 안막고 등주먹 (얼굴) 앞지기	• 바탕손 거들어 안막기는 명치 높이이다. • 바탕손 거들어 안막기는 허리를 사용한다. • 등주먹치기는 인중 높이이다.	• 거들어 안막기 등주먹 앞지기 양쪽 과정 ☞ 허리를 틀어서 하는 표현이 좋은 표현력임	• 등주먹 앞지기 시 거드는 팔의 등주먹이 팔꿈치에서 떨어지는 경우 〈정확도 0.1〉 • 등주먹 앞지기 시 허리를 사용 하지 않고 팔만을 사용하는 경우 〈표현력〉
보주먹	• 왼발 끌어 모둠발로 서며 보주먹은 인중 높이이다. (5초 정도) • 보주먹은 오른 주먹을 왼손으로 감싼다.		• 모아서기가 먼저 이루어지지 않고 서기와 손동작이 동시에 이루어질 경우 〈정확도 0.1〉
가위막기	• 가위막기는 아래막기와 바깥 막기의 방법을 적용하여 가슴에서 교차하여 막는다. ☞ 허리 쓰임을 본다	☞ 허리의 힘을 이용하여 막는 힘의 방향이 좌, 우로 연결되고 끊김없이 하는 지 여부	• 안 팔목 바깥 막기가 몸 끝선을 벗어난 경우 〈정확도 0.1〉 • 가위막기를 등주먹 앞지기처럼 하는 경우 〈정확도 0.3〉
무릎치고 두 주먹 젖혀 지르기	• 무릎치기는 몸통 헤쳐막기한 팔을 뻗어 상대방의 머리(어깨)를 잡고 아래로 끌어내리는 듯하면서 주먹을 쥔다. • 끌어내린 주먹은 정강이까지 내린다. • 젖혀 지르기는 뒤 꼬아 서기로 하며 두 주먹의 등을 위로 하여 장골능에서 시작하여 젖혀 지르기를 한다. ☞ 젖혀 지르기는 팔꿈치가 붙어야 하며 겨드랑이를 벌리지 않는다.	• 무릎치기 후 두 주먹 젖혀 지르고 엇걸어 막기 후 반대편 동작까지 ☞ 뒤꼬아서기는 중심이동이 먼저 앞발로 이동하고 뒷발이 따라가 젖혀지를 때 지면에 동시에 제동을 걸어 지르는 힘을 전달해야 한다.	• 무릎치기 시 머리(어깨)를 아래로 끌어내릴 때 주먹을 쥔 형태이거나 팔꿈치가 위로 들리는 경우 ※두 팔을 완전히 편 경우도 포함 〈정확도 0.1〉 • 젖혀 지르기의 지른 주먹이 늑골 위로 지나치게 올라가거나 내려가는 경우 〈정확도 0.1〉 • 젖혀 지르기한 팔의 팔꿈치가 펴지는 경우 〈정확도 0.1〉 • 뒤꼬아서기 시 발날등이 45°가 되지 않을 경우 〈정확도 0.1〉
엇걸어 막기	• 앞에 있는 발이 왼발 일때 왼손이 아래 있어야 하며 팔목 부위를 엇걸어 막는다	☞ 손목, 팔목, 팔뚝을 잘 살펴본다.	• 엇걸어 막는 부위가 손목일 경우 〈정확도 0.1〉 • 엇걸어 막는 부위가 떨어져 있을 경우 〈정확도 0.1〉

품 구분	기준점	표현력	주요 감점 사항
등주먹 바깥치기	• 높이는 인중선으로 한다.	• 등주먹 바깥치고 표적차기 후 팔굽 표적치기까지	• 높이가 인중선에서 지나치게 벗어나는 경우 〈**표현력**〉
표적차고 팔굽 표적치기	• 표적차기는 발날등으로 찬다. • 표적차기는 얼굴 높이로 차야 한다. • 주춤서기 팔굽 표적치기는 명치 높이로 한다.	☞ 옮겨딛기 : 앞발 방향만 회전 뒷발은 따라 붙이기 ☞ 표적을 차지 못할 경우 〈정확도 0.3〉	• 표적차기 시 표적을 만든 손이 움직이는 경우 〈정확도 0.1〉 • 팔굽 표적치기 시 시선이 진행 방향을 보지 않는 경우 〈정확도 0.3〉 • 주춤서기 시 짓찧기 하듯 서는 경우 〈정확도 0.1〉

태극 8장 채점 기준

품 구분	기준점	표현력	주요 감점 사항
두발당성 앞차기	• 두발당성차기를 하고 한걸음 정도 앞으로 내려딛는다. • 첫 번째 발을 몸통 높이 이상 차고 이어서 다음 발은 얼굴 높이로 찬다. ☞ 두발당성차기는 앞으로 뛰어 나가면서 차는 형태가 좋은 표현임	• 두발당성차고 몸통 막고 두 번 지르기 • 첫 번째 발이 지면에 닿기 전에 이어 차야 한다. • 높이 뛰어 차는 경우를 장려한다.	• 거들어 막기에서 지르는 손을 허리에 당기지 않고 바로 지르는 경우 ⟨표현력⟩ • 첫 번째 발이 허리 밑으로 차는 경우 ⟨정확도 0.1⟩
외산 틀막기	• 앞굽이는 일직선 상에서 발끝이 측면 쪽으로 약간 틀어진 상태 (모앞굽이 자세)	• 외산틀 막고 당겨 (턱) 지르기까지 ☞ 이동 시 높낮이를 잘 살펴본다 ☞ 이동 시 앞꼬아서기를 명확하게 하지 않고 이동 시 감점 여부에 관하여 논의가 필요함.	• 두 발 모양이 모앞굽이 자세가 되지 않을 경우 ⟨정확도 0.1⟩ • 바깥 막는 주먹의 높이가 머리위로 올라갈 경우 ⟨정확도 0.1⟩ • 외산틀막기를 천천히 하는 경우 ⟨표현력⟩
당겨 (턱) 지르기	• 힘을 주어 서서히 지른다. • 마지막에 급하게 지르지 않는다. (8초 정도) • 주먹등을 위로하여 가슴을 거쳐 간 후 젖히며 지른다. • 당긴 손은 어깨선에 위치한다.	☞ 힘을 아래위로 동시에 사용하므로 양팔의 중심이동. 균형. 타이밍이 중요 ☞ 발을 옮겨 딛고 회전(돌기)할 때 높이 변화	• 막기 후 옮겨 딛기를 하지 않고 바로 지를 경우 ⟨정확도 0.1⟩ • 당겨 (턱) 지르기 시 허리에서 시작하는 경우 ⟨표현력⟩ • 당겨 (턱) 지르기를 빠르게 하거나 또는 마지막에 끊어치는 경우 ⟨표현력⟩ • 당긴 손의 메주먹이 어깨선에 위치하지 않는 경우 ⟨표현력⟩
(몸통) 지르고 바탕손 (몸통) 안막기	• 앞차기 차고 두 걸음 물러 디디며 앞발을 끌어 범서기 바탕손 (몸통) 안막기한다.	• 손날몸통막기부터 바탕손 몸통막기 • 손날 몸통 막고(범서기) 앞차고 (몸통) 지르기 후 (몸통) 바탕손 안막기	• 앞차기 후 범서기 바탕손 (몸통) 안막기 시 발을 당겨 범서기를 하지 않는 경우 ⟨정확도 0.1⟩
앞차고 뛰어 앞차기	• 앞차고 바닥에 발이 닿기 전 오른발로 뛰어 앞 찬다. ☞ 첫발 얼굴높이 다음 발 얼굴 높이 찰 경우 표현력 높게 준다.	• 앞차고 뛰어 앞차기 • 높이 뛰어 차는 경우를 장려한다.	• 발차기 시 얼굴 높이로 차지 않을 경우 ⟨정확도 0.1⟩

품 구분	기준점	표현력	주요 감점 사항
한 손날 바깥막고 팔굽 돌려치고 등주먹 앞치고 (몸통) 지르기		• 한 손날 바깥 막고 팔굽 돌려치고 등주먹 앞치고 지르기(양쪽)까지	☞ 팔굽치기 지나치게 낮을 경우(명확하게 몸통인 경우) ⟨정확도 0.3 감점⟩

☞ 앞차고 앞차기 시 발을 굴러서 차면 안 된다

☞ 태극 8장은 몸의 균형, 동작과 동작의 연결, 중심의 높낮이 손동작 연결 시 숙련도를 살펴본다.

☞ 거들어 손날 막고 앞차고 몸통지르고 바탕손 막기는 동작의 연결과정과 흐름이 중요, 앞차고 물러딛는 과정, 범서기에서 범서기로 돌아 딛는 과정을 잘 살펴본다.

5. 유단자 품새 채점 기준

고려 품새 채점 기준

품 구분	기준점	표현력	주요 감점 사항
거듭 옆차기	• 첫발은 무릎높이, 둘째 발은 얼굴 높이 이상으로 찬다. ☞ 옆차기 찬발을 무릎을 몸통 쪽으로 당기며 상체를 세워 손날 바깥치기를 연결 ☞ 첫발을 차는지 안 차는지를 잘 관찰	• 거듭 옆차고 엎은 손날 바깥치고 몸통 지르고 안막기(양쪽) 동작까지 ☞ 옆차기 시 차는 방향으로 시선을 보지 않는 경우 정확도 0.3감점 ☞ 차기 시 장골능 손으로 미는 경우 정확도 감점 및 표현력 저점	• 첫발이 돌려차기 형태로 차는 경우 〈정확도 0.1〉 • 첫발이 바닥을 차는 경우 〈정확도 0.1〉 • 두 동작이 연속되지 않는 경우 〈표현력〉 • 옆차기 시 한손이 장골능(허리) 아래로 내려가는 경우 〈정확도 0.1〉
앞차고 칼재비	• 시작점 : 장골능(허리) • 끝 점 : 목 높이 • 형 태 : 아귀손 • 앞차기 : 칼재비한 손을 당기며 앞 찬다.	• 앞차고 칼재비하고 무릎 꺾기까지	• 칼재비를 바탕손 형태로 하는 경우 〈정확도 0.3〉 • 칼재비한 팔을 편 채로 차는 경우 〈표현력〉
아금손 무릎 꺾기	• 시작점 : 명치 선 • 끝 점 : 아래 • 반대손 위치 : 팔꿈치 • 아래 손은 팔꿈치 아래 주먹 하나 간격으로 위치한다. • 무릎 꺾기한 손은 중앙에 위치한다.		• 아금손이 제대로 되지 않고, 손목이 꺾인 경우 〈정확도 0.1〉 • 당기는 손이 꺾는 팔의 팔꿈치를 지나 너무 깊게 들어가는 경우 〈정확도 0.1〉
안 팔목 (몸통) 헤쳐 막기	• 시작점 : 양팔이 가슴 높이에서 교차하여 헤쳐 막는다. • 끝 점 : 높이 – 어깨 높이 　　　　 간격 – 어깨 간격	• '안 팔목 (몸통) 헤쳐 막기'부터 '편 손끝 젖혀 찌르기'까지 ☞ 방향전환 시 180도 회전하는 동작의 중심이동과 균형이 안정적으로 이루어지는지를 평가	• 막기 시 양손을 앞으로 치는 듯이 하는 경우 〈정확도 0.3〉
표적 지르기	• 높 이 : 명치높이에 맞춘다. • 팔을 곧게 편다. (주먹등이 위로 향한 상태)		• 명치를 벗어난 행위 경우 〈정확도 0.1〉 • 세운주먹으로 지르는 경우 〈정확도 0.1〉 • 표적치기가 전혀 이루어지지 않은 경우 (비접촉) 〈정확도 0.3〉
앞꼬아 서기 옆차기	• 옆차기와 표적 지르기한 손을 당김과 동시에 옆 찬다.		• 당기는 손이 작은 돌쩌귀 형태를 취하지 않을 경우 〈정확도 0.1〉

품 구분	기준점	표현력	주요 감점 사항
편 손끝 (아래) 젖혀 찌르기	• 엎차기한 발이 바닥에 닿는 순간 젖혀 찌른다. • 찌른 손은 단전 높이로 한다.		• 시작점에서 손등이 아래 방향으로 있을 경우 〈정확도 0.1〉
바탕손 눌러 막고 팔굽 거들어 옆치기	• 앞서기로 바탕손 눌러 막기 후 연속해서 팔굽거들어 옆치기를 한다. – 눌러 막기: 명치 높이 – 팔굽치기 : 가슴 높이	• 바탕손 눌러 막기 시 앞서기의 형태가 명확하여야 함.	• 눌러 막는 바탕손이 명치에서 벗어나거나 〈정확도 0.1〉 • 앞서기 이외의 서기로 하는 경우 〈정확도 0.3〉 • 눌러 막기를 바탕손으로 쳐내는 경우 〈정확도 0.3〉
메주먹 (아래) 표적 치기	• 손이 머리 위에 있을 때 발을 모아서고 두 손이 어깨선에 왔을 때 왼 주먹을 말아 쥐기 시작하여 메주먹(아래) 표적치기를 한다. (8초 정도)	• 메주먹(아래) 표적치기부터 칼재비까지 ☞ 메주먹치기 시 손이 바뀔 경우	• 팔굽이 완전히 펴진 경우 〈표현력〉 • 메주먹치기 시, 치는 형태가 표현되지 않을 경우 〈정확도 0.1〉
손날 안치고 손날 내려 막기	• 두 손을 반드시 교차해야 한다. (손날이 목 높이, 중심선에 있어야 한다.)		

금강 품새 채점 기준				
품 구분	기준점	표현력	주요 감점사항
안 팔목 (몸통) 헤쳐 막기	• 시작점 : 양팔이 가슴 앞에서 교차하여 헤쳐 막는다. • 끝점 : 높이 – 어깨높이 간격 – 어깨 간격 • 모든 헤쳐 막기는 움직이는 발의 손이 밖에서 교차하여 막는다.	☞ 헤쳐막기는 진행방향이 옆으로 가야 하는 것이 좋은 표현임.	• 막기 시 양손을 앞으로 치는 듯이 하는 경우 〈정확도 0.3〉
바탕손 (턱) 치기	• 시작점 : 장골능 • 끝점 : 바탕손의 높이는 턱 높이 손끝은 45°비튼다.	• 앞굽이 형태가 명확하여야 함. ☞ 몸의 중심선에 위치	• 바탕손 바닥이 위로 오는 경우 〈정확도 0.1〉
손날 (몸통) 안막기	• 막는 손과 딛는 발은 동시에 이루어진다. • 손날 (몸통) 안막기 시 막는 손이 몸 중심선에 있어야 한다. ☞ 바탕손 턱치기와 손날 안막기의 속도는 같아야 한다.	• 뒤로 물러 딛기 시 중심 이동과 지지하는 축의 회전이 동시에 이루어져야 한다.	• 막기가 몸의 중심선 밖에서 멈출 경우 〈정확도 0.1〉 • 손날 (몸통) 안막기 시 손과 발이 일직선 상에 있는 경우 〈정확도 0.1〉 • 손날 (몸통) 안막기한 후 손날안막기한 손을 풀지 않고(회전) 당기는 경우 〈표현력〉
금강 막기	• 아래막기와 얼굴막기를 서서히 동시에 교차한다. (금강막기 시작점부터 8초 정도)	• 금강막고 큰 돌쩌귀 후 산틀막기(양쪽) • 금강막기와 시선이 동시에 끝나야 한다.	• 금강막기가 몸의 측면 선을 벗어난 경우 〈표현력〉 • 당기는 발을 바닥에 끌면서 들어 올리는 경우 〈표현력〉
학다리 서기	• 중심 발은 주춤서기 높이로 한다. • 붙이는 발은 발날등을 무릎 안쪽에 자연스럽게 힘을 빼고 붙인다. • 든 발에 무릎이 앞을 향하도록 조여야 한다.	☞ 든 발이 내측에 붙었다 떨어질 경우 〈정확도 0.1〉 ☞ 동작의 위엄 당당함이 느껴지는 표현이 좋은 표현	• 서기에서 무릎이 펴지는 경우 〈정확도 0.1〉 • 든 발의 내측을 지지축 무릎 내측에 붙이지 않는 경우 〈정확도 0.1〉 • 무릎이 벌어지는 경우 〈정확도 0.1〉 • 무릎 위에 걸치는 경우 〈정확도 0.1〉 • 뒷발을 먼저 돌리는 경우 〈정확도 0.1〉 • 발을 끌어서 들어 올리는 경우 〈표현력〉

품 구분	기준점	표현력	주요 감점사항
큰돌쩌귀	• 높이– 명치와 가슴선 중간 • 위아래 주먹이 일직선 상에 놓이게 한다. • 위 손은 가슴과 세운주먹 하나 간격을 둔다.	☞ 큰 돌쩌귀는 공격과 방어 기술을 연이어서 하기 위한 동작 ☞ 주춤서기로 회전 시 마지막에 뒤꿈치를 들어 누르면서 큰돌쩌귀하는 경우 표현력 부분에서 감점	• 큰 돌쩌귀한 위아래 주먹이 일직선 상에서 지나치게 벗어날 경우 〈**표현력**〉 • 위 손이 가슴과 주먹 하나 간격보다 지나치게 벗어날 경우 〈정확도 0.1〉
돌아 큰돌쩌귀	• 주춤서기에서 중심의 높이를 변화시키지 않고 돌아야 한다. (한발 간격으로 돌아야 한다.) • 축 회전 시, 한발 간격으로 회전한다.		• 작은 돌쩌귀로 도는 경우 〈정확도 0.3〉 • 축 회전 시, 제자리 회전 또는 한발 간격 이상으로 회전할 경우 〈정확도 0.1〉
산틀막기	• 양 팔목이 인중 높이에 일치한다. • 허리를 이용해 발날로 짓찧어야 한다. • 발날등은 진행 방향으로 향한다. • 짓찧는 발은 지지 발의 무릎 이상 올린다. • 시선은 진행방향을 보아야 한다.	☞ 산틀막기 시 두 주먹의 진행 방향을 잘 살펴 보아야 한다. ☞ 상체와 하체의 반대 작용의 탄력과 팔목 회전 호흡의 일치를 위해 힘을 발출하는 표현	• 두 주먹이 머리 위 또는 턱 아래로 가는 경우 〈정확도 0.1〉 • 등주먹 치기 행위로 표현될 경우 〈정확도 0.3〉 • 허리를 이용해 발날로 짓찧지 않는 경우 〈정확도 0.1〉 • 발날등이 진행 방향으로 향하고 있지 않은 경우 〈정확도 0.1〉

☞ 금강품새는 중심이동 시 높낮이의 변화가 있으면 안 되고 자연스럽게 동작을 연결하여 시연해야 함.

태백 품새 채점 기준

품 구분	기준점	표현력	주요 감점 사항
손날 (아래) 헤쳐 막기	• 범서기와 손날 (아래) 헤쳐 막기 • 손의 위치표현 : 몸의 측면선 범위 내		• 손등이 앞을 향하는 경우 〈정확도 0.1〉 • 손날이 앞뒤 허벅지를 벗어나는 경우 〈정확도 0.1〉
손목 제쳐 틀며 (몸통) 지르기	• 손목으로 제쳐 내어 상대방의 손목을 잡아당기며 (몸통) 지르기를 이어서 한다.	• 손목 제쳐 틀며 (몸통)지르기 ☞ 앞으로 나가는 방향의 과정과 지르기의 힘의 방향, 중심이동과 높낮이의 변화를 살펴본다.	• 팔꿈치가 축이 되지 않고 손목만 사용하는 경우 〈정확도 0.1〉
안팔목 금강 (몸통) 막기	• 올려 막기와 안 팔목 (몸통) 바깥 막기 동작이 동시에 이루어져야 한다.	• 안 팔목 금강 (몸통) 막기'부터 '옆차고 팔굽표적치기'까지	• 두 주먹이 중심선을 거치지 않는 경우 〈표현력〉
당겨 (턱) 지르기	• 시작점 : 가슴높이 • 끝 점 : 턱높이 (당기는 손은 어깨높이로 당긴다.)	☞ 몸의 탄력을 활용하여 당겨턱지르기 후 중간동작은 힘을 빼고 하는 모습을 보여주며 지르기를 해야 함 ☞ 하체가 흔들림 없이 견고한지 확인	• 당기는 주먹이 어깨를 벗어나는 경우 〈표현력〉 • 당겨 지르기 할 때 당기는 손의 표현이 명확하지 않았을 경우 〈정확도 0.1〉
(몸통) 지르기	• 시작점 : 장골능(허리) • 끝 점 : 명치선		• 지르기 주먹을 허리 쪽으로 당기지 않고 바로 지르는 경우 〈정확도 0.1〉
옆차기 팔굽표 적치기	• 옆차기와 메주먹치기 형태로 팔을 동시에 뻗어준다. • 팔굽표적치기는 명치와 가슴선 중간으로 한다. (표적치기는 허리를 틀어 친다.)	☞ 허리를 틀어서 하는 것이 좋은 표현	• 메주먹치기 형태를 지르기로 하는 경우 〈정확도 0.1〉 • 표적을 끌어 당겨 치는 경우 〈표현력〉 • 옆차기 시, 한 손이 장골능(허리) 아래로 내려가는 경우 〈정확도 0.1〉

품 구분	기준점	표현력	주요 감점 사항
잡힌 손목 밑으로 빼기	• 손목을 밑으로 뺄 때 왼발을 옮긴다. (시선은 그대로) ☞ 손목빼기 후 몸을 회전해서 등주먹 바깥치기까지 연결하는 과정	• 잡힌 손목 밑으로 빼고 등주먹 (얼굴) 바깥치기'까지 ☞ 멈추지 않고 연결하는 것이 좋은 표현	• 옮겨 딛지 않고 제자리에서 빼거나 발을 사선으로 앞굽이 형태를 취하는 경우 〈정확도 0.1〉 • 빼기 시 시선을 돌리는 경우 〈정확도 0.3〉
등주먹 (얼굴) 바깥치기	• 등주먹 바깥치기는 양손을 교차해서 관자놀이를 친다. (보조선 안쪽 어깨선에서 시작해야 한다.)	• 팔꿈치는 어깨보다 약간 아래에 위치한다. 팔꿈치가 어깨위로 올라가면 전달하는 힘이 약함.	• 등주먹바깥치기 형태가 아닌 막기 형태를 할 경우 〈정확도 0.3〉

평원 품새 채점 기준

품 구분	기준점	표현력	주요 감점 사항
팔굽 올려치기	• 주먹 안쪽이 귀 옆에 위치한다. (팔꿈치는 턱 높이)		• 손등이 위로 향하거나 팔꿈치가 열리는 경우 〈정확도 0.1〉
몸돌아 엎차기 손날 거들어 바깥막기	• 앞차고 몸돌아 엎차고 손날 거들어 바깥막기는 이어서 하여야 한다.	• 몸돌아 엎차고 손날 거들어 바깥막고 '손날 거들어 내려막기'까지(양쪽)	• 몸돌아 엎차기를 뒤차기로 차는 경우 〈정확도 0.3〉
손날 거들어 바깥막기, 손날 거들어 내려막기	• 서기높이는 그대로 유지하며 손날 거들어 내려막기를 신속히 한다. (손날 거들어 내려막기는 머리 위로 크게 돌려 한다.) ☞ 동작이 끊기지 않고 연결되는지 여부 및 회전하는 발의 동작이 올바른지, 중심이동, 속도와 힘등 동작의 연결과정을 잘 살펴본다.		• 손날 거들어 바깥 막기를 완전히 동작을 취하지 않고 손날 거들어 내려막기를 하는 경우 표적을 끌어당겨 치는 경우 〈표현력〉 • 손날 거들어 내려막기를 돌려막지 않고 직선으로 하는 경우 〈정확도 0.1〉
거들어 (얼굴) 옆막기	• 거들어 (얼굴) 옆막기 동작은 외산틀 막기와 동일 (팔목은 인중 높이) • 거들어 주는 손은 가슴높이로 한다.	• 거들어 얼굴 옆막기부터 등주먹 앞치기까지	• 얼굴 옆 막는 손이 인중을 지나지 않는 경우 〈정확도 0.1〉
멍에치기	• 옮겨 딛는 발에 중심을 둔다. • 두 무릎을 구부린다. • 양 팔꿈치는 가슴선과 직선으로 친다. • 주먹은 가슴에 위치한다.	☞ 멍에치기 후 산틀막기시 양손이 얼굴높이 정도에서 헤쳐막기하면 표현력 저점 ☞ 양손이 도복띠 아래로 내려가서 크게 산틀막기를 하는 것이 좋은 표현	• 앞발의 뒤축을 드는 경우 〈정확도 0.1〉 • 두 발이 지면에 닿는 경우 〈정확도 0.1〉 • 팔꿈치가 어깨선 이상으로 올라가거나 뒤로 나가는 경우 〈표현력〉 • 교차 손이 바뀌는 경우 〈정확도 0.1〉
헤쳐 산틀막기	• 막은 상태에서 두 팔목의 높이는 인중 높이에 위치한다.	☞ 중심의 높낮이가 있으면 안 된다.	• 등주먹치기 형태로 하는 경우 〈정확도 0.3〉 • 두 주먹이 얼굴을 지나서 헤쳐막지 않는 경우 〈정확도 0.1〉
학다리 서기 금강막기	• 학다리서기 금강막기와 작은 돌쩌귀를 빠르게 진행해야 한다.		

품 구분	기준점	표현력	주요 감점 사항
당겨 (턱) 앞치기	• 반대 팔은 편 상태에서 어깨높이로 한다. • 등주먹 앞 치는 손은 어깨 위에서 시작하여 등주먹치기는 인중 높이로 한다.	• 거들어 얼굴 옆막기부터 거들어 등주먹 앞치기 양쪽 ☞ 짓찧는 발의 발날등이 반대 발의 무릎안 쪽을 향하는 것은 맞으나 반드시 접촉해야 하는 것은 아님	• 두 번째 등주먹치기를 어깨 위에서 시작하지 않고 겨드랑이에서 시작하는 경우 〈정확도 0.1〉 • 발을 두 번 다 구르는 경우 〈정확도 0.1〉 • 등주먹 앞치기를 안막기처럼 하는 경우 〈정확도 0.3〉
옆차고 팔굽 표적치기	• 옆차기와 메주먹치기 형태로 팔을 동시에 뻗어준다 • 팔굽표적치기는 허리를 틀어 하여야 하며 표적은 명치 높이로 한다.	• 옆차기 후 팔굽 표적치기	• 발차고 놓을 때 균형이 무너질 경우 〈정확도 0.1〉 • 옆차기 시, 한 손이 장골능(허리) 아래로 내려가는 경우 〈정확도 0.1〉

십진 품새 채점 기준

품 구분	기준점	표현력	주요 감점 사항
황소막기	• 시작점 : 단전에서 주먹등이 아래로 향하게 한다. • 끝점 : 두 주먹은 얼굴막기 높이, 주먹 사이 간격은 주먹 하나 (시선은 정면) (5초 정도) • 두 주먹을 양옆으로 한 뼘 정도 벌린다.	• '황소막기부터 옆지르기'까지(양쪽) ☞ 황소막기는 같은 (위치) 선상에서 이루어져야 한다.	• 막을 때 팔꿈치가 먼저 들리는 경우 〈정확도 0.1〉 • 막을 때 지나치게 올리는 경우 〈정확도 0.1〉 • 두 주먹이 한 뼘 이상 벗어나는 경우 〈정확도 0.1〉
손바닥 (몸통) 거들어 바깥막기	• 시작점 : 막는 손과 거드는 손은 몸통높이 • 끝점 : 손바닥 (몸통) 거들어 바깥막기와 동일, 거들어주는 손끝은 메주먹 끝(손목)에 위치한다.	• 손바닥 (몸통) 거들어 바깥 막기부터 오른 앞굽이 바위밀기까지 ☞ 황소막기 후 손바닥 거들어 바깥막기까지 연결하여 표현하는 것이 좋은 표현	• 거드는 손끝이 메주먹끝(손목)을 벗어난 경우 〈정확도 0.1〉
편손끝 엎어 찌르기	• 서기는 제자리, 주먹은 서서히 편다. • 거든 손끝을 등팔목까지 올린 후 앞굽이로 전환하여 동시에 편손끝을 찌른다. (손동작은 동시에 한다.) (5초 정도)	☞ 앞굽이로 전환과 동시에 편손끝찌르기를 표현	• 두 손의 회전이 일치하지 않는 경우 〈표현력〉 • 편 손끝 전환 시 동시에 이루어지지 않는 경우 〈표현력〉
헤쳐 산틀막기	• 막은 상태에서 두 팔목의 높이는 인중 높이에 위치한다.	☞ 팔꿈치의 높이가 같아야 힘의 방향이 같음	• 등주먹치기 형태로 하는 경우 〈정확도 0.3〉 • 두 주먹이 얼굴을 지나서 헤쳐막지 않는 경우 〈정확도 0.1〉
옮겨딛고 옆 지르기	• 옮겨 딛기는 앞꼬아서기 형태로 하며, 한 손은 눌러 막기로 하며 진행방향으로 당겨 옆 지른다.		• 보조 손을 펴지 않고 주먹으로 하는 경우 〈정확도 0.1〉 • 앞꼬아서기가 너무 넓게 벌려지는 경우 〈정확도 0.1〉
바위밀기	• 시작점: 두 손은 반대편 장골능에 위치하고 손바닥이 전면으로 향하게 한다. (손바닥 전면) • 끝점: 허리를 틀며 두 손을 대각선 방향으로 두 손목을 눈높이까지 밀어 올린다. 이때 자연스럽게 손목은 젖혀지고 팔굽은 약간 구부린다. (5초 정도)	• 바위밀기부터 등주먹 거들어 앞치기까지 ☞ 바위밀기는 허리를 이용하여 밀어야 하며 손목은 젖혀져 있어야 한다. ☞ 팔꿈치의 방향은 45° 정도	• 팔을 밖에서 안으로 미는 경우 〈정확도 0.1〉 • 밑에서 위로 원을 그려서 올리는 경우 〈정확성 0.1〉 • 손목이 젖혀지지 않는 경우 〈정확도 0.1〉

품 구분	기준점	표현력	주요 감점 사항
바위밀기		☞ 서기가 견고한 상태에서 지면의 미는 힘과 허리 회전의 힘의 사용 여부	• 팔이 몸통에서 떨어져 미는 경우 〈표현력〉
손날등 (몸통) 헤쳐 막기	• 손날등 (몸통) 헤쳐막기에서 손끝은 어깨높이로 한다. • 헤쳐막기는 움직이는 발의 손이 바깥으로 교차하여 행한다.	☞ 손날등 헤쳐막기부터 손날 아래	• 손날등이 몸 끝선에서 벗어나는 경우 〈정확도 0.1〉
손날 아래 헤쳐 막기	• 주먹은 2/3 말아 쥐었을 때 무릎을 펴며 서서히 일어선다.	☞ 약 8초 정도	
끌어 올리기	• (아래) 헤쳐 막기에서 앞굽이로 전환하는 동시에 명치 높이로 끌어 올린다. (주먹등은 전면을 향하고 아래 배를 지나서 몸통과 팔목 사이는 주먹 하나 간격)	☞ 아래에서 위로 팔목을 틀어 올려 막아야 한다.	• 끌어올리는 주먹이 몸 뒤에서 시작하는 경우 〈정확도 0.1〉 • 아래에서 위로 끌어올려 막지 않는 경우 〈정확도 0.1〉
쳇다리 지르기	• 앞굽이 : ①두 팔꿈치는 펴고, 두 주먹은 같은 높이로 두 주먹 간격으로 한다. ②뒷주먹의 위치는 반대 손 팔목 정도에 위치한다. • 뒷굽이: ①두 주먹은 같은 높이로 두 주먹 간격으로 한다. ②두 주먹의 위치는 뒷주먹은 반대 손 팔뚝에 위치하며 뒤 팔꿈치는 약간 구부린다. (두 주먹의 높이는 명치선)	☞ 앞차기와 당기는 작은 돌쩌귀의 속도와 힘의 균형을 살펴볼 것	• 두 주먹의 높이와 간격이 다를 경우 〈정확도 0.1〉 • 작은 돌쩌귀 형태에서 시작하지 않을 경우 〈정확도 0.1〉
앞차기 쳇다리 지르기	• 잡아당겨 작은 돌쩌귀를 하는 동시에 앞차기를 한다.		• 손을 당긴 후 차는 경우 〈정확도 0.1〉
등주먹 거들어 앞치기 내려 짓찧기	• 등주먹 앞치기 : 인중 높이 • 거들어주는 손의 팔목은 명치 (주먹 등은 아래 방향) • 짓찧기와 옮겨 딛기는 이어서 한다. (발날이 45°향한다.) • 짓찧기는 한걸음 반 간격 만큼으로 내딛어 짓찧는다.		• 거든 손 주먹등이 위로 향한 경우 〈정확도 0.3〉 • 앞차고 위로 뛰어서 짓찧는 경우 〈정확도 0.1〉

품 구분	기준점	표현력	주요 감점 사항
손날 엇걸어 내려 막기	• 엇걸어서 장골능에서 시작한다. • 팔목부위로 엇건다.		• 양 허리에서 엇걸어 막기를 한 경우 〈**표현력**〉 • 엇건 손 위치가 바뀐 경우 〈정확도 0.1〉

지태 품새 채점 기준

품 구분	기준점	표현력	주요 감점 사항
올려막고 (몸통) 지르기	• 올려 막기와 (몸통) 지르기는 서서히(8초 정도) 힘주어 하며 두 손은 동시에 끝나야 한다.	☞ 올려막기 시 중심축의 회전과 호흡이 일치하여 동작을 마무리해야 함.	• 올려 막기 시 팔꿈치가 먼저 올라가는 경우 〈정확도 0.1〉 • 얼굴막기 후, 팔굽을 자연스럽게 내리지 않고 인위적으로 수직으로 세워 내리는 경우 〈표현력〉
내려막고 손날 올려막기	• 왼 앞굽이 내려막기 후 오른뒷굽이 한손날 올려 막기로 전환할 때 이어서 빠르게 한다.	☞ 주먹과 손의 변화 ☞ 서기의 전환과정 ☞ 동작의 연결과정	• 서기가 정확하게 전환되지 않을 경우 〈정확도 0.3〉 • 내려막기를 손날로 막을 경우 〈정확도 0.3〉
앞차고 손날 거들어 내려막기 (몸통) 바깥막기 올려막기	• (몸통) 바깥 막기와 뒷부분 올려(얼굴) 막기는 서서히(8초 정도) 힘주어 하며 두 손의 시작과 끝은 같게 하고 두 손은 가슴 앞에서 교차해야 한다.		
(몸통) 안막고 (몸통) 거들어 막기	• (몸통) 안막기 후 연속으로 (몸통) 거들어막기를 해야 하며 먼저 막은 손이 거들어 막는 손처럼 보이게 한다.	• 금강 앞지르기부터 한손날 내려막기까지 ☞ 몸의 회전이 좌/우 두 번 연결되는 과정	
옆 내려막고 작은 돌쩌귀 옆차기	• 표적치기의 위치는 인중이다.	• '황소 막기'부터 '아래 막고 지르기'까지 ☞ 주춤서기의 견고함과 몸의 회전력, 동작의 끊김 없이 연결 여부	• 옆 내려막기를 하는 팔이 바깥에서 시작될 경우 표적을 끌어 당겨 치는 경우 〈정확도 0.1〉 • 왼발로 구르면서 오른발로 짓찧기 하지 않는 경우 〈표현력〉 • 발을 동시에 바꾸지 않는 경우 〈표현력〉

☞ 메주먹 표적치기 시 힘의 전달과정을 발→ 다리→ 몸통→ 팔꿈치→ 메주먹 순서로 연쇄적으로 전달

☞지태는 빠른 동작과 천천히 하는 동작이 반복하여 진행되는 품새이므로 동작과 동작의 연결성이 중요하다. 또한, 서기의 견고함과 골반을 활용한 중심축의 활용이 중요하다.

천권 품새 채점 기준

품 구분	기준점	표현력	주요 감점 사항
날개펴기	• 헤쳐 막는 동작을 원을 그리며 한다.		• 헤쳐 내는 동작을 하지 않는 경우 〈정확도 0.1〉
솟음 지르기	• 밤주먹을 장골능(허리)에서 손등을 위로 하여 젖혀 치지른다. • 범서기로 딛는 순간 손동작도 이루어져야 한다. • 솟음지르기는 턱 높이어야 한다.	☞ 날개펴기에서 솟음지르기 까지의 중심의 균형과 손기술의 바른 진행과정	• 솟음주먹이 젖혀 지르기가 되지 않는 경우 〈정확도 0.1〉 • 뒷굽이로 하거나 〈정확도 0.3〉 • 손과 발이 일치하지 않을 경우 〈표현력〉 • 범서기 딛는 순간 짓찧는 경우 〈정확도 0.3〉
손날 비틀어 바깥막고 (몸통) 지르기	• 앞굽이 자세에서 허리를 (몸통) 손날 비틀어 바깥 막기로 한다. • 당겨 지를 때 서서히(8초 정도) 힘주어 지른다. • 팔과 함께 팔꿈치가 크게 움직이거나 들리지 않아야 한다.	☞ 중심 이동 시 흐름의 연결과 자세의 높낮이 변화가 없어야 한다.	• 뒷발 뒤꿈치가 들리거나 앞발 발끝이 틀어진 경우 〈정확도 0.1〉 • 비틀어막기 시 앞굽이 뒷발을 앞으로 당겨서 하지 않는 경우 〈정확도 0.1〉
		• 안 팔목 거들어 바깥 막고 '지르기'(양쪽)까지	
자진발	• 앞발을 반걸음 밀어 딛는 순간 뒷발을 끌어들이며 앞발을 내딛는다.	• 안 팔목 바깥 막고 금강옆지르기까지	• 뒷발을 먼저 움직여 행할 때 〈정확도 0.1〉 • 뒷축이 먼저 닿을 경우 〈정확도 0.1〉
뛰어 표적차고 금강옆 지르기	• 몸이 뛰어올라 360° 돌아 표적을 찬다. (표적을 차기 전에 발이 바닥에 닿으면 안 된다.)		• 몸이 공중에 있을 때 표적을 차지 못한 경우 〈정확도 0.3〉 • 이중 동작으로 공중회전을 할 경우 〈정확도 0.1〉

품 구분	기준점	표현력	주요 감점 사항
태산밀기	• 범서기로 서면서 바탕손으로 나간 발쪽 손이 아래로 뒷발쪽 손이 위로하여 가슴 앞에서 인중과 단전 쪽으로 서서히 (5초 정도) 밀어준다.	☞ 휘둘려 막기, 휘둘려 잡고 지르기는 중심축이 흔들리지 않고 몸의 가동범위는 크게 표현한다.	• 뒷굽이로 서거나 〈정확도 0.3〉 • 미는 바탕손이 허리에서 시작하지 않거나 〈정확도 0.1〉 • 손의 위치가 바뀌어 행할 경우 〈정확도 0.3〉 • 양팔이 펴지지 않는 경우 〈표현력〉

☞ 태산 밀기 시 손이 바뀌어 행하는 경우 0.3 감점

한수 품새 채점 기준

품 구분	기준점	표현력	주요 감점사항
손날등 (몸통) 헤쳐막기	• 나가는 발 쪽 손이 밖에서 교차한다.		• 두 손의 위치가 바뀌는 경우 〈정확도 0.1〉
두메주먹 옆구리 치기	• 헤쳐 막은 두 팔을 어깨 위로 올렸다가 메주먹을 마주 보게 하여 옆구리를 친다.	☞ 두 팔을 벌렸을 때 팔꿈치가 들리지 않도록 해야 한다.	• 두 주먹 젖혀 지르기를 한 경우 〈정확도 0.3〉
외산틀 막고 (몸통) 지르기	• 앞굽이의 형태가 발이 일직선 상에서 발끝이 모앞굽이 자세로 하여 외산틀막기를 한 후 이어서 장골능에서 (몸통) 지르기를 한다.	• 외산틀 막고 (몸통) 지르기(3회) ☞ 끊김 없이 연결하고 힘의 흐름을 자연스럽게 연결	• 발을 옮겨 딛지 않고 지르기를 하는 경우 〈정확도 0.1〉 • 두 발 모양이 모앞굽이 자세 되지 않을 경우 〈정확도 0.1〉
거들어 칼재비	• 눌러 막는 동시에 아금손으로 칼재비를 한다.	☞ 젖혀지르기는 팔꿈치가 밖으로 열리지 않고 몸쪽으로 주먹의 높이는 팔꿈지보다 약간 높게 위치	• 칼재비한 손을 바탕손처럼 하였을 경우 〈정확도 0.3〉
곁다리 서기 두 주먹 젖혀 지르기	• 뛰어 나가며 곁다리로 서는 동시에 두 주먹 젖혀 지르기를 한다.	☞ 표적 내려막기 시 표적은 움직이지 않아야 한다.	• 두 발이 동시에 뜨는 경우 〈표현력〉 • 모아서기 또는 꼬아서기 형태로 젖혀 지르기를 할 경우 〈정확도 0.3〉 • 곁다리서기 시 뒤축이 과도하게 들릴 경우 〈표현력〉
안 팔목 표적 내려막기	• 표적 손은 아랫배 앞에 위치하여 움직이지 않고 안 팔목으로 막는다.		• 두 팔이 양옆으로 열렸다 막을 경우 〈정확도 0.1〉

채 점 표 (컷오프)

코   트: A. B. C. D. E 경기번호: _____ 품   새: ① ②
심판위치: 1. 2. 3. 4. 5. 6. 7. 심 판 명: _____ 심판번호: _____

청 항목	배 점					점수	세부기준 항목	점수	홍 배 점					항목
정확도 (4.0)	감점표시 −0.3(∨), −0.1(/)						기본동작 정확도 품새별 세부 정확도 균형		감점표시 −0.3(∨), −0.1(/)					정확도 (4.0)
표현력 (6.0)	2.0	1.9	1.8	1.7	1.6		속도와 힘		2.0	1.9	1.8	1.7	1.6	표현력 (6.0)
	1.5	1.4	1.3	1.2	1.1				1.5	1.4	1.3	1.2	1.1	
	2.0	1.9	1.8	1.7	1.6		조화 (강유, 완급, 리듬)		2.0	1.9	1.8	1.7	1.6	
	1.5	1.4	1.3	1.2	1.1				1.5	1.4	1.3	1.2	1.1	
	2.0	1.9	1.8	1.7	1.6		기의 표현 (크기, 집중, 자신감 기합, 태도, 복장 등)		2.0	1.9	1.8	1.7	1.6	
	1.5	1.4	1.3	1.2	1.1				1.5	1.4	1.3	1.2	1.1	
총 점									총 점					

자유품새 − 채점표(컷오프)

코   트: A. B. C. D. E 경기번호: _____
심판위치: 1. 2. 3. 4. 5. 6. 7. 심 판 명: _____ 심판번호: _____

청 항목	배 점					점수	세부기준 항목	점수	홍 배 점					항목
정확도 (4.0)	감점표시 −0.3(∨), −0.1(/)						기본동작 정확도 품새별 세부 정확도 균형		감점표시 −0.3(∨), −0.1(/)=					정확도 (4.0)
표현력 (6.0)	2.0	1.9	1.8	1.7	1.6		속도와 힘 속도와 힘		2.0	1.9	1.8	1.7	1.6	표현력 (6.0)
	1.5	1.4	1.3	1.2	1.1				1.5	1.4	1.3	1.2	1.1	
	2.0	1.9	1.8	1.7	1.6		조화 (강유, 완급, 리듬)		2.0	1.9	1.8	1.7	1.6	
	1.5	1.4	1.3	1.2	1.1				1.5	1.4	1.3	1.2	1.1	
	2.0	1.9	1.8	1.7	1.6		기의 표현 (크기, 집중, 자신감 기합, 태도, 복장 등)		2.0	1.9	1.8	1.7	1.6	
	1.5	1.4	1.3	1.2	1.1				1.5	1.4	1.3	1.2	1.1	
총 점									총 점					

채 점 표 (컷오프)

코   트: A. B. C. D. E   경기번호: _____   품   새: ① ②
심판위치: 1. 2. 3. 4. 5. 6. 7.   심 판 명: _____   심판번호: _____

항목	세부기준 항목	배 점					1품새	2품새
정확도 (4.0)	기본동작 정확 품새별 세부 정확도 (4.0) 균형	감점표시 −0.3(∨), −0.1(/)						
표현력 (6.0)	속도와 힘 (2.0) 속도와 힘 (2.0)	2.0	1.9	1.8	1.7	1.6		
		1.5	1.4	1.3	1.2	1.1		
	조화(강유, 완급, 리듬) (2.0)	2.0	1.9	1.8	1.7	1.6		
		1.5	1.4	1.3	1.2	1.1		
	기의 표현 (2.0) (크기, 집중, 기합, 자신감, 태도, 복장등)	2.0	1.9	1.8	1.7	1.6		
		1.5	1.4	1.3	1.2	1.1		
총 점								

자유품새 − 채점표(컷오프)

코   트: A. B. C. D. E   경기번호: _____
심판위치: 1. 2. 3. 4. 5. 6. 7.   심 판 명: _____   심판번호: _____

항목	세부기준 항목		배 점										점수
기술력 (6.0)	발차기 난이도 (5.0)	뛰어 옆차기(뛴높이)	0.0	0.1	0.2	0.3	0.4	0.5	0.6	0.7	0.8	0.9	1.0	
		뛰어 앞차기(발차기수)	0.0	0.1	0.2	0.3	0.4	0.5	0.6	0.7	0.8	0.9	1.0	
		회전 발차기(회전각)	0.0	0.1	0.2	0.3	0.4	0.5	0.6	0.7	0.8	0.9	1.0	
		연속 발차기	0.0	0.1	0.2	0.3	0.4	0.5	0.6	0.7	0.8	0.9	1.0	
		아크로바틱 동작	0.0	0.1	0.2	0.3	0.4	0.5	0.6	0.7	0.8	0.9	1.0	
	동작의 정확도 및 품새의 완성도		0.0	0.1	0.2	0.3	0.4	0.5	0.6	0.7	0.8	0.9	1.0	
연출력 (4.0)	창의성		0.0	0.1	0.2	0.3	0.4	0.5	0.6	0.7	0.8	0.9	1.0	
	조화		0.0	0.1	0.2	0.3	0.4	0.5	0.6	0.7	0.8	0.9	1.0	
	기의 표현		0.0	0.1	0.2	0.3	0.4	0.5	0.6	0.7	0.8	0.9	1.0	
	음악 및 안무		0.0	0.1	0.2	0.3	0.4	0.5	0.6	0.7	0.8	0.9	1.0	
총 점														

| 태권도 품새 심판론 |

VI 부 록

[심판위원회 규정]

제정 2016.12.27.
개정 2017.01.19.
개정 2018.01.16.
개정 2019.01.18.
개정 2020.01.14.
전부 개정 2021.02.05.
개정 2022.01.18.

제1장 총 칙

제1조(근거 및 명칭) 대한민국태권도협회(이하 "협회"라 한다) 정관 제37조 규정에 따라 설치 운영하며, 그 명칭은 심판위원회(이하 "위원회"라 한다)라 칭한다.

제2조(심판위원회 설치 목적) 위원회는 심판이 스포츠의 기본 정신과 책임감을 갖고 경기규칙에 따라 공정하게 직무를 수행할 수 있도록 심판의 독립성 및 자율성, 심판으로서의 역할, 임무, 의무 등에 관한 사항을 자문하여 경기진행의 공정성을 높이는 데 그 목적을 둔다. 〈개정 2020.01.14.〉〈개정 2022.01.18.〉

제3조(적용범위) ① 이 규정은 협회의 위원회 및 자격 취득한 등록 심판, 상임심판원을 대상으로 적용한다. 〈개정 2022.01.18.〉

② 회는 이 규정에 따라 필요한 사항을 이사회 승인을 받아 '심판위원회 규정'을 정하고 체육회에 보고하여야 한다.
〈항 신설 2020.01.14.〉

③ 이 규정이 체육회의 규정과 상이할 경우 체육회의 규정을 우선 적용한다. 〈항 신설 2020.01.14.〉

④ 위원회의 구성 및 회의에 관한 사항은 정관 및 이 규정에서 특별히 정한 경우를 제외하고는 체육회 "자문위원회의 설치 및 운영에 관한 규정"에 따른다. 〈항 신설 2020.01.14.〉

제4조(위원회의 기능) 위원회는 다음 각 호의 사항을 심의한다.
〈개정 2020.01.14.〉〈개정 2022.01.18.〉
1. 심판이 경기 규칙에 따라 공정하게 직무를 수행할 수 있도록 심판의 독립성

과 자율성 보장 방법에 관한 사항
   〈개정 2022.01.18.〉
   2. 심판의 권익 보호·증진에 관한 사항
   3. 심판양성 교육(심판 아카데미)에 관한 사항
   4. 심판 등록 및 관리에 관한 사항
   5. 심판 평가에 관한 사항
   6. 그 밖에 위원회의 설치 목적을 달성하기 위해 필요한 사항
   〈개정 2020.01.14.〉〈개정 2022.01.18.〉

제 2 장 위원회 구성 및 회의

제 5 조(구성) ① 위원회는 겨루기와 품새, 격파 등 경기 종목에 따라 분리하여 다음과 같이 구성하고 기술위원회 산하 심판분과 위원회를 겸하여 그 역할을 수행한다. 〈개정 2018.1.16.〉〈개정 2021.02.05.〉〈개정 2022.01.18.〉
   1. 위원장 1명
   2. 부위원장 약간명
   3. 위원 11명 이상 15명 이하(위원장, 부위원장 포함)〈개정 2020.01.14.〉
   4. 〈호 삭제 2021.02.05〉
   ② 위원회 위원 구성 시 다음 각 호에 따른다.
   1. 정관 제26조에 따른 임원의 결격사유에 해당하는 사람은 위원이 될 수 없다.
   2. 동일 대학출신자 및 재직자가 재적위원수의 20%를 초과할 수 없다.
   3. 경기인(선수, 지도자, 심판, 선수관리담당자) 출신자가 재적위원수의 50% 이상 포함되어야 한다. 〈개정 2022.01.18.〉
   4. 지도자로 재직 중인 사람은 위원이 될 수 없다.
   5. 특정 성별의 비율이 재적 위원수의 70%를 초과하지 않도록 노력하여야 한다.〈개정 2021.02.05.〉
   ③ 위원회에 간사 1명을 두며, 회장이 직원 중에서 지명한다.
   ④ 위원회는 위원회의 효율적 운영과 전문성을 높이기 위하여 산하에 소운영위원회를 둘 수 있다. 〈항 변경 2020.01.14.〉〈개정 2022.01.18〉
제 6 조(위원의 위촉) 위원장과 위원은 회장이 위촉하고 부위원장은 위원 중 호선하되 위원장 임명은 이사회의 동의를 받아야 한다. 〈개정 2020.01.14.〉〈개정 2022.01.18〉

②〈항 삭제, 2020.01.14.〉
③〈항 삭제, 2020.01.14.〉

제7조(위원의 직무) ① 위원장은 위원회를 대표하고 그 업무를 총괄한다.
②부위원장은 위원장을 보좌하고 위원장이 부득이한 사유로 직무를 수행할 수 없을 경우에는 부위원장 중 연장자 순으로 그 직무를 대행한다.
③위원은 위원회를 구성하고 위원회에 출석하여 그 직무에 관한 사항을 심의한다. 〈개정 2020.01.14.〉
④위원회는 지정된 직무를 수행하고 이에 필요한 최소한의 실비 또는 일비를 지급받을 수 있다. 〈개정 2021.02.05〉

제8조(위원의 임기) ① 위원의 임기는 2년으로 하되, 일수를 기준으로 하지 않고 협회 정기총회를 기준으로 하며. 이 경우 임기 만료일은 정기총회일 전날이다. 〈개정 2020.01.14〉
②보선된 위원의 임기는 전임자의 잔임 기간으로 한다.
〈개정 2022.01.18.〉

제9조(위원의 해촉) 회장은 다음 각 호의 경우에 위원을 해촉할 수 있다. 다만, 제5호와 제6호에 해당하는 경우에는 해촉하여야 한다. 〈개정 2020.01.14.〉〈개정 2022.01.18.〉
1. 위원 스스로 직무를 수행하는 것이 곤란하다고 의사를 밝히는 경우
2. 무와 관련된 비위 사실이 있는 경우
3. 제13조의2에 따른 의무사항을 지키지 않은 경우
〈항 신설 2020.01.14.〉〈개정 2022.01.18.〉
4. 직무태만, 품위손상이나 질병 등 그 밖의 사유로 인하여 위원으로 적합하지 아니하다고 인정되는 경우 〈항 이동 2020.01.14.〉
5. 제13조에 해당하는 데에도 불구하고 회피하지 아니한 경우
〈항 이동 2020.01.14.〉
6. 위원이 희망하여 사임서를 제출한 경우 〈항 이동 2020.01.14.〉

제10조(회의소집) 회장 또는 위원장이 필요에 따라 위원회를 소집한다.

제11조(의결정족수) 위원회 회의는 재적위원의 과반수 출석으로 개회하고, 출석위원의 과반수 찬성으로 의결한다. 〈개정 2020.01.14.〉〈개정 2022.01.18.〉

제12조(긴급한 업무처리) 위원회가 심의할 사안 중 그 내용이 경미하거나 긴급하다고 인정될 때에는 서면결의로 위원회의 의결을 대신할 수 있다. 다만, 위원 과반수가 정식으로 위원회에 회부할 것을 요구할 때에는 이에

따라야 한다. 〈개정 2020.01.14.〉〈개정 2022.01.18.〉

제13조(위원의 제척 및 회피) ① 위원은 다음 각 호의 경우 그 위원회 회의의 심의에 참여할 수 없다. 〈호 신설, 개정 2020.01.14.〉〈개정 2022.01.18.〉
  1. 위원 본인, 배우자 또는 직계존비속이 협회가 행하는 업무 및 사업과 관련한 용역을 수행하는 법인·단체의 임직원이거나 주주인 경우
  2. 심의 대상이 되는 업무 및 사업과 관련하여 용역이나 자문역할을 하는 등 특수 관계가 있거나 있었던 경우
  3. 그 밖에 해당 직무활동의 공정을 기할 수 없는 현저한 이유가 있는 경우 〈개정 2022.01.18.〉
  ② 제1항의 사유에 해당하는 경우 그 사안의 심의에 대해 위원 스스로 회피하거나 위원장이 제척하여야 한다. 〈개정 2020.01.14.〉〈개정 2022.01.18.〉

제13조의2(의무사항) 위원회의 위원, 간사 또는 그 직에 있었던 사람은 다음 각 호의 의무사항을 지켜야 한다.
  〈조 신설, 2020.01.14.〉〈개정 2022.01.18.〉
  1. 위원회 활동과정에서 취득한 정보나 문서 등을 임의로 공표하거나 타인에게 배포·유포할 수 없다.
  2. 위원회 업무수행 중 알게 된 비밀을 누설하거나 도용해서는 아니 된다.

제3장 심판 등록 및 관리

제14조(심판등급 구분) 협회는 다음 각 호와 같이 심판등급을 구분한다. 〈개정 2020.01.14〉
  1. 1급
  2. 2급
  3. 3급
  4. 기타

제15조(심판등록 결격사유) 심판등록의 결격사유는 경기인등록규정 제14조 등 관련 조항에 의거한다.
  〈개정 2021.02.05.〉〈개정 2022.01.18.〉

제16조(심판등록 및 활동) ① 심판으로 활동하고자 하는 사람은 심판자격을 취득한 후 협회가 정한 절차에 따라 심판등록을 신청하여야 한다.

②체육회 및 협회의 심판등록 절차에 따라 등록한 사람만이 심판으로 활동할 수 있다.
③제2항에 따라 등록한 심판은 협회의 심의를 거쳐 심판등록 변경 절차에 따라 심판등록에 관한 사항을 변경할 수 있다.
④심판의 등록 취소는 협회 경기인 등록규정에 따른다.
〈항 신설, 2020.01.14〉

제17조(정보 제공)
①협회는 등록심판의 기본정보, 선수·지도자경력, 심판경력, 교육이수경력, 상벌사항 등을 「공공기관의 정보 공개에 관한 법률」과 협회 규정에 따라 협회 홈페이지 및 체육정보시스템을 통하여 공개하거나 자료를 요청한 사람에게 제공할 수 있다. 〈개정 2020.01.14.〉〈개정 2022.01.18.〉
②심판 활동 실적발급은 별도 지침에 따른다.

제4장 심판교육

제18조(교육실시)
①협회는 매년 정기적으로 심판에 대한 자체 교육계획을 수립·운영하여야 한다.
②교육내용은 집합교육, 보수교육, 강습회, 심판활동과 도덕, 공정한 경기운영과 판정, 심판의 책임감 등 교양 강좌와 규약, 경기규칙, 판정의 이론, 실기 교육 등 해당 단체별 실정에 맞게 실시하여야 한다.

제5장 심판평가 및 배정

제19조(심판평가)
①협회는 심판에 대하여 매년 평가를 하여야 한다.
②협회는 상임심판을 등록하여야 하며, 해당 연도 경기진행에 참가한 심판에 대하여 등급별로 판정 평가서를 작성하고 위원회를 통해 심판고과를 관리하며 승급이나 배정 시 자료로 활용하여야 한다. 〈개정 2021.02.05〉
③협회는 실정에 맞게 지표 등을 별도의 세칙을 정하여 시행하여야 한다. 〈개정 2018.1.16.〉〈개정 2021.02.05〉

제20조(심판기피 및 제척)
①협회는 대회 전에 배정된 심판을 공개하고, 선수·지도자 등이 합리적인 사

유와 근거를 제시하여 심판 기피를 요청할 경우, 위원회에서 그 사유를 심사하고 정당한 사유가 있으면 그 심판을 해당 경기에서 제외할 수 있다. 〈개정 2022.01.18.〉

②경기에 참가하는 선수, 지도자의 친인척은 해당 경기에 심판으로 참여할 수 없으며, 동일 대학 출신은 가급적 배제한다.

제21조(심판배정)

①협회는 심판위원회의 결정으로 모든 대회의 심판을 배정하여야 한다. 단 심판위원회에서 위원장에게 대회의 심판 배정을 위임할 수 있다.

②심판 배정 시 같은 선수(팀) 경기를 연속으로 배정해서는 안 된다.

제22조(심판판정)

①심판은 다음 각 호에 따라 판정하여야 한다.

1. 외부 단체로부터 독립하여 공정한 업무를 수행하여야 한다.
2. 심판 관련 규정과 해당 단체의 규약 및 심판 규정을 준수하고 경기규칙에 따라 명확한 판정을 위하여 최선을 다하여야 한다.
3. 경기 운영 및 판정에 있어 공명정대하게 양심에 따라 판정한다.

②심판은 경기 진행 중 경기규칙의 해석 및 적용에 대한 결정 권한을 갖는다.

③심판은 경기종료 후 공식 경기기록 등을 기록원과 확인하며, 정해진 양식에 따라 경기보고서를 작성하여 심판위원장에게 제출하여야 한다.

④협회는 국내종합대회 및 전국규모대회 시 비디오 재 판독과 최소 3년 이상 영상보관의 의무를 대회요강에 명시하여야 한다.

⑤위원회는 득·감점을 포함한 판정에 대한 이의제기와 비디오 재 판독을 수행하며 이에 따른 사항은 별도로 정한다.

〈개정 2021.02.05〉

제23조(심판의 품위)

①심판은 협회에서 발급한 신분증서를 패용하여야 한다.

②심판은 협회에서 규정한 복장과 장비만 사용하여야 한다.

③심판은 반드시 필요한 상해보험에 가입하여야 한다.

④심판은 협회의 정관 및 관련 규정을 준수하여야 한다.

⑤심판은 오심 또는 편파 판정시 체육회 또는 협회의 '스포츠공정위원회 규정' 등 관련 규정에 따라 징계(문책)를 받을 수 있다.

〈개정 2022.01.18.〉

⑥심판은 선수·지도자의 팀(단체 등) 입단, 계약 또는 기타 취직의 알선, 협조 등 심판으로서의 직분이나 직무 공정성을 해치는 행위를 해서는 안된다. 〈개정 2022.01.18.〉

제6장 상벌 및 심판 매뉴얼

제24조(심판의 상벌)
　①심판이 명백한 오심을 하거나 사회적으로 물의를 일으키고 심판의 품위를 손상시키는 등 징계 사유에 해당되는 언행을 할 경우 '스포츠공정위원회규정'에 따라 처리한다.
　②오심 누적 시 심판자격을 강등할 수 있으며, 오심 횟수에 따라 심판자격도 박탈할 수 있다.
제25조(심판의 포상)
　①심판 평가 및 교육 우수심판에 대해서는 체육회 등에 표창을 상신하며 심판 승급 시 인센티브를 부여할 수 있다.
　②협회는 우수 심판에 대해 체육회에 국제기구 연수를 요청할 수 있다.
제26조(심판매뉴얼) 협회는 심판매뉴얼을 제정하여 운영하여야 한다.

부　　칙(2016.12.27.)
제1조(시행일) 이 규정은 이사회의 의결한 날부터 시행한다.

부　　칙(2017.01.19.)
제1조(시행일) 이 규정은 이사회의 의결한 날부터 시행한다.

부　　칙(2018.01.16.)
제1조(시행일) 이 규정은 이사회의 의결한 날부터 시행한다.

부　　칙(2019.01.18.)
제1조(시행일) 이 규정은 이사회의 의결한 날부터 시행한다.

부　　칙(2020.01.14.)
제1조(시행일) 이 규정은 이사회의 승인을 받은 날부터 시행한다.

부　　칙(2021.02.05.)
제1조(시행일) 이 규정은 이사회의 승인을 받은 날부터 시행한다.
부　　칙(2022.01.18.)
제1조(시행일) 이 규정은 이사회의 승인을 받은 날부터 시행한다.

제2조(경과조치) 이 규정 제8조(임기)에 따라 당초 선임된 위원의 임기는 계속하여 적용하되, 격파 종목에 선임된 위원의 임기는 2023년 정기총회 전일까지로 한다.

품새 상임심판 청렴 서약서

[품새심판 청렴 서약서]

본인은 대한태권도협회 품새 상임심판원으로서 심판위원회 규정 및 품새심판 행동규범을 철저히 준수하고, 명예와 품위를 유지하며 모든 언행에 있어 태권도인의 귀감이 됨은 물론, 공명정대한 심판원으로 책임의식을 가지고 공정한 판정을 위하여 아래 사항을 적극 실천한다.

1. 심판원으로서 경기와 관련된 부당한 이익을 얻거나 지시나 청탁을 하지 않으며, 심판업무를 투명하고 공정하게 수행한다.
2. 심판원으로서 혈연, 학연, 지연과 같은 특수한 관계에 의한 편파 판정을 하지 않으며 오판 시 심판원으로서 발생하는 모든 책임을 진다.
3. 태권도 경기 또는 팀과 관련된 일체의 금품 및 향응을 주고받는 행위를 하지 않는다.
4. 심판원 상호 간에 인격을 존중하고 예의를 지키며, 지연·학연·혈연·성별 등을 이유로 차별행위를 하지 않는다.
5. 심판원은 경기에 위촉되었을 시 반드시 심판업무를 수행할 수 있도록 하여야 한다.
6. 심판원으로서 양심, 인격, 신의를 바탕으로 공정한 경기판정으로 대한태권도협회 발전과 품새 경기 발전을 위하여 최선의 노력을 다한다.

위 내용을 철저히 지키고, 이를 지키지 못해 발생하는
모든 문제에 대하여 책임질 것을 서약합니다.
2022. . .

대한태권도협회 품새상임심판원　　　　(인)

스포츠공정위원회 규정

스포츠공정위원회 규정

제정 2016.06.21.
개정 2017.07.28.
개정 2018.01.16.
개정 2019.01.18.
개정 2020.01.14.
개정 2020.10.27.
개정 2022.01.18.

제1장 총 칙

제1조(설치근거) 대한태권도협회(이하 "협회"라 한다)는 정관 제38조 따라 스포츠공정위원회(이하 "위원회"라 한다)를 설치한다.

제2조(적용) 이 규정은 다음 각 호에 적용한다.
 1. 협회
 2. 시·도 회원단체 및 전국규모연맹체(이하 '협회 관계단체'라 한다)
 3. 협회의 임원 및 협회 관계단체의 임원
 4. 대회 주최 및 참가 임원
 5. 협회 및 협회 관계단체에 등록된 지도자·선수·체육동호인·심판·선수관리담당자 등 회원과 운동부 등 단체
 〈개정 2022.01.18.〉

제3조(기능)
 ① 위원회는 정관 제38조 제1항의 목적 달성을 위하여 다음 각 호의 사항을 심의·의결한다.
 1. 협회의 제규정의 제정 및 개정에 관한 사항
 2. 협회의 제규정의 유권해석에 관한 사항 〈개정 2022.01.18.〉
 3. 〈삭제 2020.01.14.〉
 4. 협회 표창에 관한 사항
 5. 체육상 대상자 추천에 관한 사항
 6. 정부 및 기타 유관기관에 포상대상자 추천에 관한 사항
 7. 협회 및 협회 관계단체의 임원 및 그 단체에 등록된 지도자·선수·체육동

호인·심판·선수관리담당자·운동부 등의 조사 및 징계에 관한 사항 〈개정 2022.01.18.〉
8. 태권도 외국 우수인재 국적취득 추천에 관한 사항
9. 전국규모연맹체 임원의 연임 횟수 제한의 예외 인정 심의(이하 '임원심의'라 한다)
10. 협회와 협회 관계단체(그 구성원을 포함한다) 사이에서 발생하는 분쟁(경기, 제도, 단체운영 등)의 조정·중재
11. 기타 위원장이 필요하다고 인정하여 위원회에 올리는 사항
②제1항 중 도장 및 심사 관련 사항은 도장·심사공정위원회규정을 적용한다.

제2장 위원회의 구성 및 회의

제4조(구성)
①위원회의 위원은 7명 이상 (위원장, 부위원장 포함)으로 구성하여야 한다.
②위원회에 간사 1명을 두며, 회장이 협회 직원 중에서 지명한다.
③위원회의 위원은 다음 각 호의 요건을 고려하여 총회에서 선임한다. 다만, 총회의 의결로 선임 권한을 회장에게 위임한 경우, 회장은 외부인사가 과반수 이상 포함된 추천위원회를 구성하여 그 심의와 이사회의 동의를 거쳐 선임하여야 한다.
〈개정 2020.01.14.〉
1. 법학자, 법조인 등 법률업무 종사자
2. 스포츠 관련 분야 학문을 전공하고 대학이나 공인된 연구기관에서 근무한 경력이 있는 사람
3. 스포츠 전문 분야에서 10년 이상 종사한 경력이 있는 사람
4. 인권 전문가로서 관련 분야에서 5년 이상 종사한 경력이 있는 사람 〈신설 2020.01.14.〉
④정관 제26조 제1항 및 제38조 제3항의 규정에 해당하는 사람과 문화체육관광부 소속 공무원은 위원회의 위원이 될 수 없다.
⑤위원회의 위원으로 여성이 재적 위원수의 20% 이상 포함되도록 노력하여야 한다. 〈신설 2020.01.14.〉
⑥위원 위촉 후보자는 별지 제6호 서식의 직무윤리 사전진단서를 추천위원회에 제출하여야 한다. 〈신설 2020.01.14.〉

제5조(위원의 직무)
①위원장은 위원회를 대표하고 그 업무를 총괄한다.

②부위원장은 위원장을 보좌하고 위원장이 부득이한 사유로 직무를 수행할 수 없을 경우에는 부위원장 중 연장자 순으로 그 직무를 대행한다.

③위원은 위원회를 구성하고 위원회에 출석하여 그 직무에 관한 사항을 의결한다.

제 6 조(임기)

①위원회 위원의 임기는 2년으로 하되, 일수를 기준으로 하지 않고 협회 정기총회를 기준으로 하며, 이 경우 임기만료일은 정기총회일 전날이다. 〈개정 2020.01.14.〉

②보선된 위원의 임기는 전임자의 잔여기간으로 한다.

제 7 조(위원의 해촉) 회장은 위원이 다음 각 호의 어느 하나에 해당하는 경우 해촉할 수 있다. 다만, 제5호 및 제6호에 해당하는 경우에는 해촉하여야 한다. 〈개정 2020.01.14.〉

1. 위원 스스로 직무를 수행하는 것이 곤란하다고 의사를 밝히는 경우
2. 직무와 관련된 비위 사실이 있는 경우
3. 제11조의2에 따른 의무사항을 준수하지 않은 경우
〈신설 2020.01.14.〉
4. 직무태만, 품위손상이나 질병 등 그 밖의 사유로 인하여 위원으로 적합하지 아니하다고 인정되는 경우 〈호 이동 2020.01.14.〉
5. 제11조 제1항에 해당하는 데에도 불구하고 회피하지 아니한 경우 〈호 이동 2020.01.14.〉
6. 위원이 희망하여 사임서를 제출한 경우

제 8 조(회의소집)

①회장 또는 위원장의 필요에 따라 위원회를 소집한다.

②회의소집은 개최 7일 전까지 안건·일시 및 장소를 기재하여 서면(전자문서를 포함한다)으로 위원에게 통지하여야 한다. 다만, 긴급한 사유가 있을 때에는 그 기간을 단축할 수 있다.

제 8 조의2(경비의 지급) 협회는 위원회 및 소위원회에 출석한 위원에게 예산의 범위 내에서 수당, 기타 필요한 경비 등을 지급할 수 있다.

제 9 조(의사 및 의결정족수) 위원회는 재적위원 과반수 출석으로 개회하며 징계에 대한 사항은 출석위원 3분의 2이상의 찬성으로, 그 외의 사항은 출석위원 과반수 찬성으로 의결한다.

제9조의2(회의 운영) 〈신설 2020.01.14.〉

①위원회는 조정·중재 소위원회와 그 밖의 소위원회를 둘 수 있다.

1. 소위원회 위원은 소위원장을 포함하여 5인 이내로 한다.
2. 소위원회는 위원회의 사전 심의 기능을 수행한다.

②회의의 일시·장소·참석자·안건·토의내용·의결결과가 기록된 회의록을 작성하여야 하며, 그 회의를 진행한 위원장과 출석위원 중에 위원회에서 추천한 위원 1명이 기명날인한다.

제10조(긴급한 업무처리) 위원장은 위원회가 심의할 사안 중 그 내용이 경미하거나 긴급하다고 인정할 경우에는 이를 서면결의로 위원회의 의결을 대신할 수 있으며, 이 경우에는 차기 위원회에 보고하여야 한다. 다만, 위원 과반수가 정식으로 위원회에 회부할 것을 요구할 때에는 이에 따라야 한다.

제11조(제척 및 회피)

①위원장, 부위원장 및 위원은 다음 각 호의 경우에는 위원회의 심의·의결에 관여하지 못한다.
1. 심의 대상자가 친족(「민법」제777조에 의한 친족을 말한다)인 경우
2. 그 심의 건과 관계가 있는 경우
3. 위원 본인과 직접적인 이해관계가 있는 경우
4. 그 밖에 공정을 기할 수 없는 타당한 사유가 있는 경우

②심의대상자는 위원장, 부위원장 및 위원 중에서 불공정한 의결을 할 우려가 있다고 인정할 만한 타당한 사유가 있을 때에는 그 사실을 서면으로 밝히고 기피를 신청할 수 있다.

③위원장, 부위원장 또는 위원은 제1항에 해당하면 스스로 해당 심의 건의 심의·의결을 회피하여야 하며, 제2항에 해당하면 회피할 수 있다.

④제2항에 따른 기피신청이 있을 때에는 재적위원 과반수의 출석과 출석위원 과반수의 의결로 기피 여부를 결정한다. 이 경우 기피 신청을 받은 사람은 그 의결에 참여하지 못한다.

제11조의2(의무사항) 〈신설 2020.01.14.〉

①위원회의 위원, 간사 또는 그 직에 있었던 사람은 다음 각 호의 의무사항을 준수하여야 하며, 별지 제7호 서식의 서약서를 제출하여야 한다.
1. 위원회 활동과정에서 취득한 정보나 문서 등을 임의로 공표하거나 타인에게 배포·유포할 수 없다.
2. 위원회 업무수행 중 알게 된 비밀을 누설하거나 도용해서는 아니 된다.

제3장 법제 및 포상

제12조(심의대상)
　①위원회는 법제에 관한 사항에 대하여 다음 각 호의 사항을 심의·의결한다.
　　1. 협회의 제규정의 제정 및 개정
　　2. 협회의 제규정에 관한 의견 제시 및 유권해석
　　3. 국규모 연맹체의 제규정에 관한 사항
　　4. 기타 법제에 관하여 필요한 사항
　②제1항 제1호의 의결은 정관 제14조 제2항 제2호에 따라 이사회 의결 등을 거쳐 제·개정한다.

제13조(포상 대상) 포상은 국제대회 우수성적 달성, 태권도 보급·육성 및 발전에 공헌한 단체(기관) 및 사람에게 수여한다.

제14조(포상 종류)
　①포상의 종류는 정부 포상과 대한체육회 등 유관기관 표창, 협회 표창으로 구분한다.
　②정부 포상은「상훈법」및「정부표창 규정」에 따라 추천한다.

제15조(협회표창의 구분)
　①협회의 표창권자는 회장으로 한다.
　②협회표창은 협회장 표창 등이 있다.
　③그 외 국내 태권도발전에 기여한 사람 또는 국내외 각종 대회 등에서 국위를 선양한 사람에게 표창을 수여할 수 있다.
　④자체 표창 지급 세부 기분 및 수여 계획은 별도로 정할 수 있다.

제16조(포상절차)
　①정부 포상은 회장이 추천한 단체 및 사람에 대하여 스포츠공정위원회가 심의하여 요청기관에 추천한다. 다만, 체육회의 요청으로 긴급하거나 체육발전유공자 포상 후보자 추천의 경우 위원회의 심의를 거치지 않고 체육회에 직접 추천할 수 있다.
　②대한체육회 체육상은 스포츠공정위원회의 심의를 거쳐 협회장이 체육회에 추천한 단체 및 사람에 대하여 체육회 위원회의 추천과 이사회의 의결로 확정한다.
　③제1항과 제2항에도 불구하고 특별한 경우에는 위원회가 정하는 절차에 따라 심의·의결할 수 있다.
　④제2항에 따라 체육상 수상 대상자를 추천하려면 별지 제1호 서식의 공적조

서(전자문서로 된 공적조서를 포함한다) 2부 및 공적을 증명하는 자료 1부를 체육회에 제출하여야 한다.
⑤단, 태권도 유관단체장 표창 또는 기타 외부 단체의 표창은 위원회의 심의 없이 회장이 추천한다.
⑥협회는 협회 표창을 수여하는 경우에는 수여하려는 표창의 종류별로 별지 제2호서식의 표창대장에 기록하여야 한다.

제4장 임원 심의

제17조(심의대상) 위원회는 정관 제5조의2 제3항 및 제38조 제1항에 의거 전국규모연맹체 임원을 대상으로 임원심의를 심의·의결한다.

제18조(심의절차)
①전국규모연맹체 이사(회장, 부회장 포함)의 임기는 4년, 감사의 임기는 2년으로 하며, 1회에 한하여 연임할 수 있다. 다만, 다음 각 호에 따라 스포츠공정위원회의 심의를 거친 경우에는 예외로 한다.
1. 국제스포츠기구 임원진출 시 임원경력이 필요한 경우
2. 재정기여, 주요 국제대회 성적, 단체평가 등 지표를 계량화하여 평가한 결과 그 기여가 명확한 경우
②연맹체 임원으로 선임하기 전에 위원회의 예외적용 여부 심의 절차를 거쳐야 하며, 회장이 되려고 하는 사람은 후보자 등록기간 전에 심의 또는 제20조에 의거한 재심의를 완료하여야 한다.
③제1항에 따른 심의를 받고자 하는 사람이 연맹체를 거쳐 제출해야 하는 서류는 다음 각 호와 같다.
1. 임원심의 신청서
2. 이력서
3. 그 밖에 위원회에서 제출하기로 결정한 서류
④위원회는 제1항에 따른 후보자가 연맹체를 거쳐 심의를 요청한 경우 30일 이내에 회의를 소집하여 예외적용 여부를 심의·의결하여야 한다.

제19조(심의결과)
①위원회는 객관적인 심의 기준을 마련하여 공정한 평가를 시행하여야 한다.
②위원회는 제1항의 심의 기준 평가를 바탕으로 하여 자율적이고 독립적으로 심의하고 의결한다.
③제1항에 따른 심의 기준은 위원회가 정한다.
④위원회가 임원심의를 의결하면, 협회는 심의 결과를 임원심의를 요청한 자

에게 통보하여야 한다.

제20조(재심의 요구)
① 제19조의 의결에 따라 연임이 제한된 임원 후보자가 그 결과에 불복할 경우 재심 신청의 취지 및 이유와 입증 방법 등을 작성하여 협회에 재심의를 신청할 수 있다.
② 재심의 신청서는 위원회의 결정을 통보 받은 날로부터 7일 이내에 협회에 제출하여야 한다.
③ 위원회는 재심의 신청서가 협회에 접수된 날부터 30일 이내에 심의·의결하여야 한다.

제21조(세부사항) 이 규정에 정해진 것 외에 위원회의 운영에 관하여 필요한 사항은 위원회가 따로 정한다.

제5장 조사 및 징계

제22조(증거 우선의 원칙) 위원회는 징계를 할 경우, 징계혐의자에 대해 그 혐의를 입증할 충분한 증거가 있을 때에만 징계하여야 한다.

제23조(우선 징계처분) 위원회는 징계혐의자에게 징계사유가 충분히 인정되는 경우에 한하여 관계된 형사사건이 유죄로 인정되지 않았거나, 수사기관이 이를 수사 중에 있다 하여도 제30조 제2항에 따른 징계처분을 내릴 수 있다. 〈개정 2020.01.14.〉

제24조(조사 및 징계대상)
① 위원회는 다음 각 호의 경우에 대하여 조사하여 징계 심사할 수 있다. 다만, 도장 및 심사 관련 사안은 도장·심사공정위원회규정을 적용한다.
1. 단체 및 대회운영과 관련한 금품수수, 횡령 배임, 회계부정, 직권 남용, 직무태만 등 비위의 사건
2. 체육 관련 입학비리
3. 폭력·성폭력
4. 승부조작, 편파판정 〈개정 2022.01.18.〉
5. 음주운전, 음주소란 행위(강화 훈련 기간 중), 불법도박
   〈신설 2020.10.27.〉
6. 태권도인으로서의 품위를 심히 훼손하는 경우
   〈개정 2020.10.27.〉
7. 부정 참가, 대회진행 방해 등 각종 대회 중 발생한 대회 질서 문란 행위 〈개

정 2020.10.27.〉

8. 기타 제1호부터 제7호까지의 규정에 준하는 사건
〈개정 2022.01.18.〉

② 정관 제20조 제4항에 따라 협회 임원에 대한 징계 요구가 있는 경우에는 체육회 위원회가 징계한다.

③ 협회 및 협회 관계단체의 직원이 징계혐의가 있을 때에는 협회 또는 해당 단체의 인사위원회 등에서 자체적으로 조치한다.

④ 징계혐의자가 사임(사직), 임기만료, 미등록, 명예퇴직 등의 사유로 협회 및 협회 관계단체에 소속되어 있지 않더라도 소속 당시 행한 비위행위에 관하여 징계하여야 한다.
〈개정 2022.01.18.〉

⑤ 〈삭제 2022.01.18.〉

제24조의 2(징계시효)

① 위원회는 징계할 사유가 발생한 날로부터 3년(제31조 제5항 각 호의 경우에는 5년)이 지나면 심의·의결하지 못한다. 단, 해당 신고·접수일로부터 심의·의결 전일까지 기간은 제외한다.

② 제1항의 징계시효 만료 여부에 대한 입증 책임은 1차 징계결정기관에 있다.

제25조(징계기관의 분류 등) 〈개정 2020.01.14.〉

① 위원회가 결정한 징계사항 징계사항은 대한체육회 위원회가 재심의 기관으로서 징계를 최종 결정한다.

② 징계사건에 대한 관할이 불분명한 경우 대한체육회 위원회에서 대한체육회 위원회, 위원회 또는 시·도위원회 중에서 징계 관할을 결정한다.

③ 2항에 따라 위원회가 징계 관할로 결정된 경우 처분요구일로부터 3개월 내에 위원회를 소집·처리하여야 하며, 위원회 미구성 등 사유로 처리가 불가능한 경우에는 이를 해당 관할 재심의기관(대한체육회)에 즉시 보고해야 한다. 이 경우 대한체육회는 그 사유를 판단하여 징계관할을 다시 결정한다.

제26조(징계종류 및 행정 제재 외)

① 지도자 및 선수관리담당자에 대한 징계는 다음과 같다. 〈개정 2022.01.18.〉

1. 중징계 : 출전정지, 자격정지, 해임, 제명
2. 경징계 : 견책, 감봉(협회 전임지도자 등 직속 지도자에 한함)

② 선수에 대한 징계는 다음과 같다.

1. 중징계 : 출전정지, 자격정지, 제명
2. 경징계 : 견책

③심판 및 기술위원 등 위촉(선임)직 위원에 대한 징계는 다음과 같다.
1. 중징계 : 출전정지, 자격정지, 강등, 해임, 제명
2. 경징계 : 견책, 감봉(협회 직속의 보수 또는 보수에 준하는 수당을 수령하는 자에 한함)
④단체 임원에 대한 징계는 다음과 같다.
1. 중징계 : 자격정지, 해임, 제명
2. 경징계 : 견책, 감봉(보수 또는 보수에 준하는 수당을 수령하는 임원으로 한정)
⑤운동부에 대해서는 출전정지의 징계를 할 수 있다.
⑥징계 종류에 따른 제한 조치는 다음과 같다.
1. 견　책 : 징계 처분을 받은 자에게 유의할 것을 알리며, 징계 이유가 재발될 경우 중징계 처분이 결정될 것임을 알리는 것임.
2. 출전정지 : 협회가 주최, 주관, 승인하는 모든 행사의 참여를 제한함.
3. 강　등 : 현재의 직급 또는 직의 위치에서 하위의 직으로 하향 조정됨.
4. 자격정지 : 일정기간 또는 무기한 협회 회원의 신분을 박탈하는 것으로 협회 규정에 의한 모든 행사의 참여를 금지함. 정지기간은 협회 사업 중 승품단 심사 추천 및 각종 자격 제도의 소요 연한에 산입할 수 없을 뿐만 아니라 각종 증명서의 발급을 받을 수 없으며 기 인정한 자격증의 효력이 중단됨. 단, 징계의결 시 상기 사항을 제한하여 징계 조치할 수 있다.
5. 해　임 : 현재 차지하고 있는 지위나 맡고 있는 임무에서 박탈되어 면직됨.
6. 제　명 : 협회 회원의 신분을 상실한 것으로 이 규정에 의한 가장 엄중한 징계 처분임. 임원의 경우 그 직에서 자동 파면되며 기 취득한 각종 자격증과 성적이 말소 처리됨.
⑦제1항부터 제4항 각 호의 징계를 받은 지도자, 선수, 심판, 선수관리담당자, 단체 임원은 징계만료 시까지 지도자, 선수, 심판, 선수관리담당자, 단체 임원과 관련한 모든 활동이 제한된다. 〈개정 2022.01.18.〉

제27조(징계요구)
①협회는 위원회의 의결로 징계혐의자와 징계수위를 정하여 협회 관계단체에 징계를 요구할 수 있다. 다만, 그 대상이 제24조 제2항의 사람인 경우에는 체육회위원회에서 징계한다.
〈개정 2020.01.14.〉
②협회는 시·도 협회위원회가 정당한 사유 없이 징계요구에 따르지 않는 경우 시·도위원회에 직접 징계를 요구할 수 있다.

제28조(출석요구)
①위원회가 징계혐의자에게 출석을 요구할 때에는 위원회 개최 7일 전에 출석요구서가 징계혐의자에게 도달되도록 하여야 한다. 이 경우 제3항에 따라 출석요구서를 징계혐의자의 소속단체의 장에게 송부하여 전달하게 한 경우를 제외하고는 출석요구서 사본을 징계혐의자의 소속단체의 장에게도 송부하여야 하며, 소속단체의 장은 징계혐의자 징계혐의자의 출석에 협조하여야 한다.
②제1항에도 불구하고 선수 권익 침해(폭력·성폭력) 등 긴급을 요하는 사안의 경우에는 위원회 개최 3일 전까지 징계혐의자에게 출석요구(서면, 전화, 메일 등)를 할 수 있다.
③위원회는 징계혐의자의 주소를 알 수 없거나 그 밖의 사유로 제1항에 따른 출석요구서를 징계혐의자에게 직접 송부하는 것이 곤란하다고 인정될 때에는 제1항의 출석요구서를 징계혐의자의 소속단체의 장에게 송부하여 전달하게 할 수 있다. 이 경우 출석요구서를 받은 소속단체의 장은 지체 없이 징계혐의자에게 전달하여야 한다.
④위원회는 징계혐의자가 출석하여 진술하기를 원하지 아니할 때에는 진술포기서를 제출하게 하여 기록에 첨부하고 서면심사만으로 징계의결을 할 수 있다.
⑤위원회는 징계혐의자가 정당한 불출석 사유서를 제출하지 아니하면 출석을 원하지 아니하는 것으로 보아 그 사실을 기록에 남기고 서면심사에 따라 징계의결을 할 수 있다.
⑥위원회는 징계혐의자가 해외 체류, 형사사건으로 인한 구속, 그 밖의 사유로 출석요구서를 발송한 날부터 30일 이내에 출석할 수 없다고 인정될 때에는 서면으로 진술하게 하여 징계 의결 등을 할 수 있다. 이 경우 서면으로 진술하지 아니할 때에는 그 진술 없이 징계의결을 할 수 있다.
⑦계혐의자가 출석요구서 수령을 거부한 경우에는 위원회에서의 진술권을 포기한 것으로 본다. 다만, 징계혐의자는 출석요구서의 수령을 거부하더라도 위원회에 출석하여 진술할 수 있다.

제29조(심문과 진술권)
①위원회는 징계혐의자에게 혐의내용에 관한 심문을 하고, 필요하다고 인정할 때에는 관계인의 출석을 요구하여 심문할 수 있다.
②위원회는 징계혐의자에게 충분한 진술을 할 수 있는 기회를 부여하여야 하며, 징계혐의자는 서면 또는 구술로 자기에게 이익되는 사실을 진술하거나 증거를 제출할 수 있다.

③징계혐의자는 증인의 심문을 신청할 수 있다. 이 경우에는 위원회는 그 채택 여부를 결정하여야 한다.
④징계의결 요구자 및 신청자는 필요하다고 인정할 때에는 위원회에 출석하거나 서면으로 의견을 진술할 수 있다.
⑤징계혐의자는 변호인의 조력을 구할 수 있으며 필요 시 위원회에 동행 출석하여 배석할 수 있다.

제30조(징계의 정도 결정)
①위원회가 징계사건을 심사함에 있어서 징계혐의자의 비위 유형, 비위의 정도 및 과실의 경중과 평소의 행실, 공적(功績), 적극 행정, 뉘우치는 정도 또는 그 밖의 정상 등을 참작할 수 있다. 다만 제31조 제5항 각 호에 해당하는 경우는 감경할 수 없다.
〈개정 2022.01.18.〉
②위원회는 제24조 제1항 제1호부터 제6호(이에 준하는 위반행위를 포함한다)까지의 규정에 해당하는 위법 또는 부당한 사실이 있다고 인정될 경우 별표 1에 따라 징계한다.
〈개정 2020.10.27.〉
③위원회는 제24조 제1항 제7호(이에 준하는 위반행위를 포함한다)에 해당하는 위법 또는 부당한 사실이 있다고 인정될 때에는 별표 2에 따라 징계한다.
〈개정 2020.10.27.〉

제31조(징계의 감경 등)
①제30조 및 제33조에 따라 확정된 징계와 관련 아래 4항의 사유가 있는 경우에는 위원회의 의결로 다음 각 호와 같이 감경, 사면, 복권, 또는 해제할 수 있다.
1. 감경할 사유가 있는 경우에는 1/2 범위 내에서 감경할 수 있다.
2. 징계 절차상의 하자 등 이를 해제하여야 할 사유가 있는 경우에는 해제할 수 있다.
②제1항의 감경 등이 있더라도 징계로 인한 기성의 효과는 변경되지 아니한다.
③확정된 징계에 관하여 법원의 무효 또는 취소 판결이 있는 경우에는 판결 확정 시에 징계가 무효 또는 취소된 것으로 한다.
④위원회는 징계를 받은 사람에 대하여 다음 각 호의 어느 하나에 해당하는 공적이 있는 경우에는 징계를 감경 등을 할 수 있다.
1. 「상훈법」에 따른 훈장 또는 포장을 받은 공적
2. 장관 이상의 표창을 받은 공적

3. 대한체육회 회장의 표창을 받은 공적
4. 협회 회장의 표창을 받은 공적
⑤ 다음 각 호의 어느 하나에 해당하는 경우에는 제1항에도 불구하고 징계를 감경, 사면, 복권할 수 없다.
1. 직무와 관련한 금품수수(金品授受) 비위 및 횡령·배임
2. 체육 관련 입학 비리
3. 폭력·성폭력
4. 승부조작, 편파판정
⑥ 위원회에서 의결한 징계는 협회 관계단체에서 감경, 사면, 해제, 복권할 수 없다.
⑦ 사면이란 징계를 받은 사람에 대하여 징계의 집행을 면제하는 것을 말하며 복권은 징계로 인한 자격정지 등에 대하여 예전의 권리를 회복하는 것을 말한다.

제32조(징계의 의결 및 통보 등)
① 위원회가 별지5호의 서식과 함께 징계를 의결하면, 협회는 별지 제3호 서식에 따른 결정서를 징계혐의자 및 그 소속단체의 장, 징계혐의자 소속 시·도 교육청 및 피해자(선수권익침해 경우)에게 송부하여야 한다. 〈개정 2020.01.14.〉
② 징계결정서에는 징계종류, 징계사유, 징계근거 및 재심의 신청 기한과 방법 등을 함께 통보하여야 한다.

제33조(재심의신청 등)
① 징계혐의자가 위원회가 1차로 결정한 징계사항에 불복하는 경우 재심의 신청을 하는 취지 및 이유와 입증 방법 등을 명시하여 대한체육회 스포츠공정위원회에 재심의 신청을 할 수 있다.
② 제1항에 따른 재심의신청은 1차로 결정한 징계 사항에 대해 징계결정서를 받은 날부터 7일 이내에 하여야 한다.

제34조(대회 중 경기질서 문란행위에 대한 처리절차)
① 제24조 제1항 제7호에 따라 협회 또는 협회 관계단체가 위반 행위를 인지한 경우 제35조 제1항에도 불구하고 징계혐의자는 신고 접수된 직후부터 위원회가 징계를 결정할 때까지 해당 대회에 참여할 수 없다. 〈개정 2022.01.18.〉
② 협회 또는 협회 관계단체는 행위발생 직후 즉시 위원회 개최를 징계혐의자에게 통보하여야 한다.
③ 협회는 제2항에 따른 통보 후 48시간 이내에 위원회를 개최하여야 한다.

④위원회는 징계혐의자 및 관련 당사자에게 진술할 기회를 부여하여야 한다. 다만, 해당자가 이를 거부하는 경우에는 예외로 할 수 있다.
⑤위원회에서 징계가 결정되면, 협회는 별지 제3호 서식에 따른 결정서를 징계혐의자 및 그 소속단체의 장에게 통보하여야 한다.
⑥징계혐의자가 제5항에 따른 징계 결정에 불복할 경우, 제33조에 명시된 재심의 절차에 따라 재심의를 신청할 수 있다. 이 경우, 제35조 제1항에도 불구하고 징계의 효력은 정지하지 아니한다.
⑦동조 제1항부터 제6항까지의 대회 중 스포츠공정위원회 소집이 어려울 경우, 대회 주관 단체장은 대회위원회 규정 제4조 제4항에 따라 경기감독위원회를 구성하여 운영할 수 있다.
⑧제7항에 따른 경기감독위원회의 조치는 해당 대회 참가 제한과 같은 긴급제한 조치에 한하여 구체적 징계 수위와 함께 징계를 요구할 수 있다.
⑨임시 위원회의 조치에 따라 징계할 경우 협회 스포츠공정위원회에서 동 대회 종료 후 30일 이내 실시하여야 하며, 관련 재심의 절차는 제33조에 명시된 재심의 절차를 따른다.

제35조(징계의 효력 등)
①위원회가 의결한 징계는 그 즉시 징계의 효력이 발생한다. 다만, 제33조 2항에 따라 재심의를 신청한 경우 징계의 효력은 일시 정지한다.
②협회는 제1항의 징계에 대하여 이를 즉시 문서로 징계혐의자 및 그 소속단체의 장에게 통보하여 징계의결 고의 지연에 따른 선의의 피해를 최소화하여야 한다.
③징계혐의자가 위원회의 1차 결정에 대한 재심의를 신청한 경우 체육회 위원회의 재심의 신청에 대한 최종결정 시까지 그 징계효력 발생은 일시 정지한다.

제36조(징계부가금)
①위원회는 제32조에 따라 징계를 의결할 때에는 그 징계사유가 금품 및 향응 수수, 공금의 횡령·유용 등의 경우에는 해당 징계 외에 금품 및 향응 수수액, 공금의 횡령액·유용액 등의 5배 내에서 징계부가금 부과 의결을 할 수 있으며, 이 경우 협회는 별지 제3호의 서식의 결정서를 징계혐의자 및 그 소속단체의 장에게 통보하여야 한다.
②가금 부과기준에 따라 징계부가금을 추징하여야 한다.
③위원회가 제1항에 따른 의결을 하기 전에 징계혐의자가 금품 및 향응 수수, 공금의 횡령·유용으로 다른 법률에 따라 형사처분을 받거나 변상책임 등을 이행(몰수나 추징을 당한 경우를 포함한다)한 경우에는 벌금, 변상금, 몰수

또는 추징금에 해당하는 금액과 징계부가금의 합계액이 금품 및 향응 수수액, 공금의 횡령액·유용액의 5배를 초과해서는 아니 된다.

④위원회는 다음 각 호의 어느 하나에 해당하는 사유가 발생한 날부터 30일 내에 징계 부가금 감면 의결을 하여야 하며, 이 경우 해당 단체는 별지 제4호서식 징계부가금 감면결정서를 그 즉시 징계혐의자 및 그 소속단체의 장에게 통보하여야 한다. 다만, 징계혐의자가 그 수령을 거부하는 경우에는 그러하지 아니하다.

1. 징계부가금 부과 의결을 받은 사람이 법원의 판결(몰수·추징에 대한 판결을 포함한다)이 확정되거나 변상책임 등을 이행한 날부터 60일 내에 위원회에 징계부가금 감면 의결을 신청한 경우
2. 위원회가 징계부가금 부과 의결을 받은 사람에 대한 법원의 판결(몰수·추징에 대한 판결을 포함한다)이 확정되거나 변상책임 등이 이행된 것을 안 경우

⑤제4항에 따라 징계부가금 감면 의결을 하는 경우 위원회는 벌금, 변상금, 몰수 또는 추징금에 해당하는 금액과 징계부가금의 합계액이 금품 및 향응 수수액, 공금의 횡령액·유용액의 5배를 초과하지 않는 범위에서 감면 의결하여야 한다.

⑥징계혐의자 또는 징계부가금 부과 의결을 받은 사람이 벌금 외의 형(벌금형이 병과되는 경우를 포함한다)을 선고받아 제3항 또는 제5항을 적용하기 곤란한 경우에는 위원회는 형의 종류, 형량 및 실형, 집행유예 또는 선고유예 여부 등을 종합적으로 고려하여 징계부가금을 조정하여 의결하거나 감면 의결하여야 한다.

제37조(징계의 보고) 위원회가 결정한 사항에 대하여 협회는 지체없이 체육회에 보고하여야 한다.

제38조(선수권익 침해 사안에 관한 특별규정)

①체육회에 신고 접수되어 이송 받은 권익침해(폭력·성폭력 등) 사안에 대하여 위원회는 6개월 이내에 처리하여야 한다. 〈개정 2020.01.14.〉

②제1항에도 불구하고 권익 침해가 중대하거나 긴급하게 조사·구제될 필요가 있다고 판단될 때에는 체육회가 직접 조사·구제할 수 있다. 〈신설 2020.01.14.〉

③권익 침해 사안에 대한 조사기관은 아래와 같이 결정한다.
〈항 이동, 개정 2020.01.14.〉

1. 위원회는 국가대표선수, 국가대표후보선수 등이 해당 단체를 대표하여 참가하는 대회를 대비한 훈련 또는 대회 중 발생한 사안을 조사·구제한다.
2. 시·도위원회는 해당 체육회가 관장하고 있는 운동경기부 소속 선수의 훈련

또는 대회 중 발생한 사안 중 제1호에 해당하는 사안을 제외한 사안을 조사·구제한다.

④협회는 시·도체육회 또는 체육회에서 이송받은 사안, 직접 신고 접수된 사안 등 소관 권익 침해 사안에 대하여 해당 선수 및 지도자가 소속된 운동경기부의 소관 기관장에게 그 내용을 즉시 통보하고 필요한 경우에는 선수 격리 보호 등의 제반 조치를 취하여야 한다. 〈항 이동, 2020.01.14.〉

⑤징계일 현재 지도자·선수 등록이 되지 않았으나 별표 1의 제2항(개별기준)의 '마', '바', '사', '아' 호의 내용에 해당하는 사유가 확인이 된 사람에 대해서는 지도자·선수 등록 시 이를 제한할 수 있다. 〈항 이동, 2020.01.14.〉

⑥징계의 효력은 위원회가 그 징계를 의결한 날부터 발생한다.
〈항 이동, 2020.01.14.〉

⑦위원회는 징계 확정 내용을 징계혐의자 및 그 소속단체장에게 통지함은 물론 체육회와 징계 혐의자 소속 단체 또는 시·도체육회, 시·도교육청 및 피해자에게 서면으로 송부하여야 한다.
〈개정 2020.01.14.〉

⑧7항의 징계처분에 이의가 있는 징계혐의자 또는 피해자는 징계통보서를 받은 날부터 7일 이내에 징계처분에 대해 체육회 위원회에 재심의를 청구할 수 있다. 다만, 이 경우 재심의기간에도 징계의 효력은 정지되지 아니한다.
〈개정 2020.01.14.〉

제6장 보 칙

제39조(행정처리)

①협회는 징계 의결된 결정사항을 자체 시스템을 통해 반드시 등록하고 관리하는 등 후속 처리하여야 하며, 자격정지 이상의 징계 결정사항을 체육정보시스템(임원, 지도자, 선수, 체육동호인, 심판)에 반드시 등록하고 관리하여야 한다.

②위원회는 심의와 관련 개인 정보를 수집 및 이용해야 하는 경우 정보 주체의 개인정보 제공 동의서를 제출받아야 한다.
〈신설 2020.01.14.〉

제40조(비밀누설금지 외) 위원회 업무에 참여한 사람은 직무상 알게 된 비밀을 누설해서는 아니 된다.

제41조(회의의 비공개) 위원회의 징계 등에 관한 회의는 위원회의 결정으로 공개하지 아니할 수 있다.

제42조(규정 제·개정)
　①협회는 체육회 스포츠공정위원회 규정에 따라 이 규정을 제·개정 해야 한다.
　②체육회 스포츠공정위원회 규정은 협회의 이 규정에 우선한다.
　③협회의 이 규정을 체육회의 스포츠공정위원회 규정에 맞게 제·개정하지 아니하여 규정이 상이할 때에는 반드시 체육회 스포츠공정위원회 규정을 따라야 한다. 다만, 협회의 고유목적 달성과 질서유지 차원에서 필요하거나 협회의 운영 여건상 다르게 하여야 할 사유가 인정되는 경우 다음 각 호에 한하여 체육회와 달리 정할 수 있다.
　1. 제4조 (위원회 구성)
　2. 제3조 · 제27조 · 제37조 (조사 및 구제 등 기능 추가)
　3. 제24조 · 제30조 · 별표 1 · 별표 2 (위반행위 기준 신설 관련)

부 칙 (2016.06.21.)

제1조(시행일) 이 규정은 협회 이사회의 의결로써 시행한다.
제2조(임기에 대한 예외) 이 규정 제6조에도 불구하고 협회 정관 부칙 제2조에 따라 새로 선출되는 회장은 임기시작 직후 스포츠공정위원회를 새로 구성할 수 있다.
제3조(적용범위) 이 규정은 시행일 당시 (구)대한태권도협회의 법제상벌위원회와 선수위원회, 국민생활체육태권도연합회, 및 시·도협회 등 산하단체 위원회에 접수되거나 이의신청 또는 재심사신청 되었으나 최종 의결이 되지 않은 사안에 적용된다.

부 칙 (2017.07.28.)

제1조(시행일) 이 규정은 이사회의 의결을 받은 날부터 시행하되, 2016년 11월 28일 취임한 회장에 의해 위촉된 위원은 이 규정에 의해 위촉된 것으로 본다.
제2조(적용범위)
　①이 규정은 시행일 당시 협회 및 산하단체에 접수되거나 이의신청 되었으나 최종 의결이 되지 않은 사안에 적용된다.
　②(구)대한태권도협회와 (구)전국태권도연합회의 통합과정에서 불이익을 받은 체육인 구제방안은 구제절차가 완료 될 때까지 한시적으로 적용한다.
　③구제신청 대상은 2014년. 11. 6.(대한체육회 및 국민생활체육회 통합 합의

문 서명일)부터 2016년 12. 31.까지 1차 징계가 의결·확정된 사안으로서 통합과정에서 불이익을 받았다는 입증 책임은 신청자에게 있으며, 대한체육회 스포츠공정위원회 규정 제32조(징계의 감경) 제2항, 제3항, 제4항 및 협회 이 규정 제31조(징계의 감경) 제2항, 제3항에도 불구하고 사면·복권, 감경할 수 있다. 단, 동조 제2항에 해당하는 경우에는 징계양정이 과도한 경우 감경에 한하여 적용한다.

④제2항의 구제절차와 관련하여「지도자·선수·체육동호인 등록 규정」제24조 제3항은 적용하지 아니한다.

⑤제2항에 따른 세부 구제방안은 내규로 별도로 정한다.

제3조(경과조치) 이 규정 제18조 제1항 및 제2항에 따른 임원의 임기 횟수 제한의 산정은 이 규정 시행에도 불구하고 시행 전 임기 횟수를 포함하여 산정한다.

부 칙 (2018.01.16.)
제1조(시행일) 이 규정은 이사회의 의결을 받은 날부터 시행한다.

부 칙 (2019.01.18.)
제1조(시행일) 이 규정은 이사회의 의결을 받은 날부터 시행한다.
제2조(상위규정 개정에 따른 경과조치) 2018. 10. 4.자 대한체육회 스포츠공정위원회 규정 개정과 관련하여 개정된 조항은 해당 규정 시행일인 2018년 10월 4일부터 적용한다.
제3조(경과규정) 제24조의 2(징계시효) 조항 신설과 관련, 이 규정 시행 이후에 발생한 혐의에만 해당 조항을 적용한다.

부 칙 (2020.01.14.)
(시행일) 이 규정은 이사회의 의결을 받은 날로부터 시행한다. 다만, 제4조 3항 개정규정은 시행 이후 새로 선임되는 위원부터 적용한다.

부 칙 (2020.10.27.)
(시행일) 이 규정은 이사회의 의결을 받은 날부터 시행한다.
부 칙 (2022.01.18.)
(시행일) 이 규정은 이사회의 의결을 받은 날부터 시행한다.

참고 문헌

국기원(2021). 국기원 태권도 교본
대한체육회(2020). 클린심판 아카데미
대한태권도협회(2022) 태권도 품새경기규칙
대한태권도협회(2022) 심판위원회 규정
김하성 (2003). 태권도 경기의 심판판정 공정성에 관한 연구.
　　　　경희대학교 미간행 석사학위 논문

이상호(2015). 무도 윤리의 출발점과 방향모색. 한국체육철학학회지.
　　　　제23권 4호 53-70

박현우(2016). 심판의 오심 판정과 스포츠의 정의.
　　　　한국체육철학학회지 제24권 제3호, 69~84

송선영, 임신자(2020). 자유품새 채점규정에 근거한 심판판정 및
　　　　발전방향. 한국무예학회 제14권 1호 85-102

신성진(2021) 국내 품새 상임심판의 심판 스트레스에 대한 질적 사례분석
　　　　Asian Journal of Physical Education and Sport
　　　　Science, Volume 9 No. 4, 29~57

김지영, 정영수(2019) 심판 없는 경기장에 관한 스포츠 윤리적 고찰.
　　　　한국체육철학학회지. 제27권 1호, 41-49

이기철(2021). 태권도 품새경기의 발전방향을 위한 태권도 전문가
　　　　인식연구. 한국체육과학학회지, 제30권 4호 665-674

하명진, 강형숙(2021) 대학 태권도 품새경기의 부정적 심판판정 관련
　　　　요인분석. 한국스포츠학회지 제19권 4호 731-741